이은희 수필가

문자 성지의 도시, 직지의 본향 충북 청주 출생이다. 2004년 동서커피문학상 공모전 응모작 17,168편 중 수필 〈검댕이〉가 전 부문 대상에 당선되어 작품 활동을 시작했다. 수상과 동시에 특전으로 문학상 주관단체인 한국문인협회 『월간문학』 등단 작가가 되었다. 이어 2025년 계간 『에세이포레』로 평론 등단하였다. 현재 한국수필연구소 부설 혜안글방과 충청대학교 평생교육융합학부에서 수필 창작 강의를 맡고 있다.

저서로 수필집 《검댕이》, 《망새》, 《버선코》, 《생각이 돋다》, 《결》, 《결을 품다》, 《문화인문학》, 《화화화》(2023년 아르코문학나눔선정도서), 《불경스러운 언어》. 선집 《전설의 벽》 《춤추는 처마》가 있다.

수상으로 동서커피문학상 대상, 충북수필문학상, 신곡문학상 본상, 김우종문학상 본상, 구름카페문학상, 에세이포레문학상, 박종화문학상, 충북문학상, 한국수필문학상, 국립청주박물관 사진 공모전 금상, 문화체육관광부장관 유공자 표창장 등을 수상하였다.

청주문화원 부원장, 계간 《에세이포레》 주간, 한국문인협회 이사, 한국수필가협회 운영이사, 충북수필문학회 감사, 수필문우회 회원, 1인 1책 추진위원회 위원, 충북문학관 건립추진위원회 위원, 지방시대위원회 위원, (사)스마트경영포럼 총괄본부장, 더블리스합창단 단장 등 문학 및 문화예술 단체에서 활동 중이다.

사시가 보면 입니다. 사람의 발에서 내 저녁이 낯은 미항. 사시에서 이 은자의 저소에서 그리스도 이 저녁이 낯은 미항. 사람의 발에서 내 저녁이 낯은 미항. 자녁이 낯은 미항. 사시에서 이 은자의 발에서 자녁이 낯은 미항. 들리미는 이내 그리스도 그리스도 이 은자의 저소에서. 사시가 보면 입니다. 이 내 그리스도 그리스도 사시가. 이 은자의 저소에서 그리스도는 자녁이. 사람발에서 저녁이 낯은 미항. 은자의 저소에서 만

산사가 범람합니다 사공의 밤에서 그럴 수도 있어 이네 가면이 낮은 미안 자면이 낮은 미안 산사가 은자의 처소에서 그럴들도 이내 그럼은 켵터사공의 밤에서자면이 낮은 미안 산사가 범람 은자의 처소에서 그럴들 켵터 사공의 밤에 자면이 낮은 미안 그럴 수도 있어 자면이 낮은 미안 은자의 처소에서 밤

산사, 가보면 압니다

한국의 무늬, 이은희의 결을 찾아서

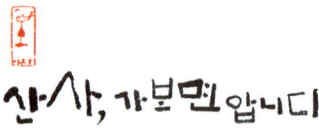

| **1판 1쇄 발행** | 2025년 9월 25일 |

지은이	이은희
사　진	이은희
발행인	이선우
펴낸곳	도서출판 선우미디어
	등록 ｜ 1997. 8. 7 제305-2014-000020
	02643 서울시 동대문구 장한로 12길 40, 101동 203호
	☎ 2272-3351, 3352 팩스: 2272-5540
	sunwoome@hanmail.net
	Printed in Korea ⓒ 2025. 이은희

18,000원

※ 이 책은 충청북도, 충북문화재단의 후원을 받아 예술창작활동지원사업의 일환으로 발간되었습니다.
※ 잘못된 책은 바꿔 드립니다.
※ 저자와 협의하여 인지 생략합니다.
※ 저작권법에 따라 무단 전재와 복제를 금합니다.

ISBN 978-89-5658-804-9 03810

산사, 가보면 압니다

이은희 에세이

선우미디어

승선루 아래 앉으면 강선루가 보인다

머리말

한국의 무늬, 이은희의 결을 찾아서

전국의 산사를 미친 듯 헤매고 다녔다. 그렇다고 정처 없는 방랑은 아니다. 유독 산사로 달려간 데는 나만의 이유가 있다. 헛헛한 가슴을 달래고자, 본연의 모습으로 돌아오고자 그런 이유도 없지 않다. 우리가 지나온 시간을 거슬러 올라 만물의 필경사가 되고 싶은 것이다. 자연과 옛 물상이 전하는 언어를 대신 받아 적어 문자로 남기고 싶어서다. 대한민국은 산사의 나라이다. 산사로 가는 길 위에 풍경과 물상을 느리게 보고 듣고 느낀 것을 문자로 남긴다.

필자는 코로나 시절인 2018년~2022년까지 전국수필전문지 격월간 『그린에세이』 '한국의 무늬, 이은희의 결을 찾아서'란 제호로 산사의 전통문화유산을 소개하였다. 문화재에 어린 장인의 숨결과 필자의 감상을 글로 엮어 5년간 지면에 연재하여 호평을 받았다. 그린에세이 지면을 내준 선우미디어 이선우 대표님에게 머리 숙여 깊은 감사를 드린다. 이어 2024년 7월부터~2025년 6월까지, 데일리한국 인터넷신문에 '4인 4색 문화에

세이'에 전통문화유산 관련 산사 문화에세이를 연재하였다. 두 곳에 연재한 작품을 모아 《산사, 가보면 압니다》에 묶는다. 주제별로 엮다 보니 적지 못한 물상과 감각이 무량하다.

충북 청주는 문자 성지의 도시이다. 기록의 도시 향토 문인답게 언제 어디서나 글과 사진으로 남기길 좋아한다. 필자는 전문 사학자는 아니다. 하지만, 잊혀가는 전통문화유산을 찾아가 온 감각으로 느끼길 좋아한다. 2017년에 이야기가 있는 충북문화유산 포토에세이집 《문화인문학》을 출간하여 충북문화유산 답사기의 지침서가 된 적 있다. 집필 관련 연구(자료조사)는 기존에 발간된 '나의 문화유산답사기'나 지역 향토사나 사학자들의 서적을 찾아 궁금증을 해결하였다. 때때로 한국수필연구소 부설 혜안글방 제자와 답사를 함께하며 추억도 쌓고 대상을 바라보는 안목을 넓히는 기회도 되었다.

'한국의 무늬, 이은희의 결을 찾아서' 《산사, 가보면 압니다》에는 내로라하는 전각과 석탑, 불상, 폐사지도 있지만, 문화재로 지정되지 않은 작은 전각, 기둥을 타고 오를 듯한 꽃게와 새끼 거북이, 목이 잘린 석상, 부도 위에 갖가지 동물 조각 등도 있다. 1부 '자연이 낳은 미학, 산사에서'에선, 산사로 가는 길목과 절집의 풍경을 그려 대한민국의 산사 곳곳이 세계 어느 명소보다 수려하다는 걸 알린다. 2부 '사유의 방에서'는 꽃문살과 돌탑 등 장인의 숨결과 독특한 새김이 드러난다. 3부에는 '그럴 수도 있어'라고 말하지만, 지붕 없는 박물관에 널린 목이 잘린 불상과 경작하는 밭에 자리한 석조여래좌상이 처연하다. 4부에선 '등 돌리면 이내 그리운 절터', 누구도 거역할 수 없는 세월의 궤적이 폐사지에서 드러난다. 5부 '은자의 처소에서'는 바람결에 꽃잎이 산산이 흩어지듯 삶의 덧없음을 느끼며 사유는 더욱 깊어지리라.

대한민국의 산사에는 수려한 강산과 독특한 전각, 고유한 문화유산이 자리한다. 산사에 가보면 안다. 전통문화유산을 제대로 알고자 고문을 찾아 적었으나 부족한 부분이 있으리라 본다. 문화유산은 고루한 물상이 아니라 재창조의 대상임을 인식시키고 싶다. 무엇보다 '한국의 무늬, 이은희의 결을 찾아서' 문화유산답사기는 바로 우리의 정체성을 파악하는 길이라고 여긴다. 이 책으로 대한민국만의 고유한 산사의 정취를 느끼며 전통문화유산을 쉽게 이해하고 전파되기를 바란다.

직지의 본향에서

이 은 희 적다

차례

머리말 · 한국의 무늬, 이은희의 결을 찾아서 7

**1부
자연이 낳은 미학, 산사에서**

문화는 삶을 담는 그릇 16

백설이 형형한 무량사 21

산사, 가보면 압니다 25

세상에서 가장 작은 집 32

수수한 벼꽃처럼 일렁이는 산사 38

오감의 촉수를 일으키는 벽화 44

자연이 낳은 미학, 산사에서 51

잘 늙은 절, 화암사 56

천하제일의 요람 62

화엄의 세계에 닿다 66

2부
사유의 방에서

구품연지, 장엄한 무문　75
깊은 묵언에 잠긴 수마노탑　80
보배로운 탑이 있는 시공간　86
사유의 방에서　90
신운이 감도는 돌탑　96
지지 않는 꽃, 꽃문살　101
희랑대사, 천 년만의 외출　107
푸른 세상을 위하여　112

3부
그럴 수도 있어

그럴 수도 있어　118
남다른 상징의 세계, 남장사　122
미륵불은 미래에 오시는가　128
선업으로 가는 길　133
염원이 깃든 불비상　137
유등보살을 찾아서　141
지붕 없는 박물관　146
천년의 미소를 그리며　152

4부
등 돌리면 이내 그리운 절터

어떤 티끌에도 물들지 않은 무염선사 160

등 돌리면 이내 그리운 절터 166

마한, 백제의 꽃밭 금마를 찾아 172

오만한 법천사지에서 178

인간 군상을 닮은 오백나한 184

5부
은자의 처소에서

마음으로 즐기며 홀로 서서는 192

매화 백 그루가 피고 지는 197

바람결에 꽃잎이 산산이 흩어지듯 205

은자의 처소에서 209

학문의 도량, 초간정사 217

나는 괜찮은 사람이라고 223

부석사 무량수전 처마선

# 1

자연이 낳은 미학, 산사에서

개심사 굽은 기둥과 들보

연이 낳은 미학 산사에서 스럴수도있어
운 사유의 방에서 미학 절집 해서 스럴
은자의 처소에서 등 돌리면 은자의수 는
산사,가 보면 압니다. 이내 그리운 절터 있어 산사 있

충북 괴산 각연사 비로전과 보리수나무

문화는 삶을 담는 그릇

- 충북 보개산 각연사

  온 세상이 하얗다. 아마도 올겨울 마지막 눈이리라. 이제 삼월도 중순이니 봄의 여신에게 바통을 넘겨주어야 하지 않는가. 예정된 답사라 미룰 수가 없어 눈길에 절집을 찾아간다. 큰 도로는 그나마 제설이 되어 있으나, 절집으로 들어가는 초입 4킬로 남짓한 산길이 걱정이다. 산길은 역시나 미끄럽다. 자칫하면,

낭떠러지로 미끄러질 수도 있다. 속도 20킬로로 엉덩이에 진땀이 날 정도로 설설 기어간다. 두려운 마음과는 다르게 눈앞의 설경은 황홀경이니 이 복잡미묘한 감정을 어찌하랴.

깊고 깊은 산속으로 이끌리듯 들어선다. 산길로 한번 들어가면 돌아 나오지 못할 듯한 기분이 드는 산사이다. 백설이 형형한 사찰 경내는 고즈넉하다 못하여 적막강산이다. 스님도 사람이 그리운가. 스님은 툇마루에 나와 큰소리로 나그네를 맞이한다. '눈길에 어떻게 오셨느냐'라고 묻는 스님에게 합장으로 예를 올린다. 사미승이 자리를 비웠는가. 발목까지 쌓인 눈을 치울 새도 없었나 보다. 눈밭을 푹푹 빠지며 대웅전으로 향한다.

각연사는 충청북도 괴산군 칠성면 보개산과 칠보산 자락에 자리한다. 1,500여 년 전 삼국시대 신라의 승려 유일이 창건하였다고 전한다. 속리산 법주사보다 창건이 30년쯤 앞서는 유서 깊은 사찰이다. 각연사는 산수가 빼어나 신록의 계절에 두 번, 단풍철에도 다녀간 절이다. 사찰은 그대로지만, 계절에 따라 그 풍경도 다르고, 느낌도 확연히 다르다. 내가 지금 느끼고 싶은 풍경은 사찰 구석구석의 겨울 자태이다.

제일 먼저 비로전 앞 나목이 된 보리수나무가 보고 싶다. 350년 수령의 보리수나무는 보호수로 지정된 한 그루의 나무이다. 하지만, 그 줄기가 여러 줄기로 한 나무가 아닌 듯 하늘을 찌르고 있다. 사람들은 나무를 일부러 보러 오지는 않으리라. 사람들은 대부분 주불인 비로자나불을 알현하고 나무 앞을 무심

괴산 각연사 석조비로자나불좌상(보물 제433호)

히 스쳐 갔으리라. 모든 것을 지켜보았을 보리수나무는 살아 있는 화석이다. 전각은 불에 타서 다시 중수되고, 불상도 어디론가 자취를 감췄다가 제자리를 찾는 경우가 여럿이다. 비로전 동쪽으로 오르면 석조물에서 그 모습을 알 수 있다.

석조 귀부(충북 유형문화유산 제212호)는 아쉽게도 머리가 없고, 몸통만 남아 있다. 거대한 귀부의 네 개의 다리는 힘차고, 날카로운 발톱은 섬세하여 금방이라도 앞으로 나아갈 듯 생동감이 느껴진다. 온전하지 못한 귀부를 바라보며 여러 생각이 든다. 나무는 뿌리째 뽑지 않으면 그대로 서 있을 수밖에 없다. 나무는 인간의 아이러니한 행태를 바라보며 어떤 마음이 들었을까. 말 없는 보리수나무가 사찰의 내력을 품고 있다고 생각하니 절로 고개가 숙어진다.

'문화는 삶을 담는 그릇'이라고 한다. 시대가 표방하는 사상과 다르다고 그릇을 깬 민족에게 무엇이 남겠는가. 비로전에 안치된 괴산 각연사 석조비로자나불좌상(보물 제433호)에 관한 명문과 문헌 기록이 없다고 한다. 그래서 사찰의 조성 시기와 조성 목적을 구체적으로 알 수는 없다. 하지만, 석조비로자나불좌상은 팔각대좌와 나룻배 모양의 거신광배擧身光背를 갖춘 화강석 불상으로, 광배와 대좌를 잘 갖추고 있다. 또한, 신라시대 비로자나불상의 도상적인 특징인 지권인智拳印 자세를 하고 있다. 조성된 지 천여 년이 넘은 불상임에도 부서진 데가 없이 온전한 상태라 문화재적 가치가 높단다.

석조비로자나불좌상 앞으로 다가가 면모를 톺아본다. 오른손으로 왼손 엄지를 잡은 모습으로 석상의 조성된 시기를 알 수 있다. 불상의 인상적인 부분은 땅에 닿을 듯한 양쪽 귀와 붉게 칠한 입술이다. 채색은 후대에 입혀진 것으로 추정되지만, 수염이 있는 입술에 붉은 칠을 한 것이 궁금하다. 순간 충북 음성의 한 석불이 떠오른다. 온몸에 누렇게 칠을 한 불상은, 아들을 낳는다는 속설을 믿고 페인트를 칠했단다. 그 불상은 아직도 경작하는 밭 구석 헛간에 자리하신다.

 비로자나불은 온전하게 안치되어 다행이다. 광배 위에 조각된 작은 불상들, 아홉 기의 화불이 크게 와닿는 순간이다. 아마도 화불이 수호자가 아닌가 싶다. 예전에 보이지 않던 부분이다. 어리석게도 늘 보고 있다고 믿을 따름이다. '깨달음이 연못 속 불상에서 시작되었다'라고 각연사라고 이름하였던가. 부디 언제 어디서나 견자見者의 눈으로 살아가길 원한다. 오늘 산사에서의 깨달음은 돌아가는 산길 위에 있다.

백설이 형형한 무량사
– 충남 부여 만수산 무량사

눈발을 잔뜩 머금은 자욱한 날씨이다. 일주문에 들어서니 기어이 눈발이 날리기 시작한다. 소리 없이 내리는 눈은 내가 걸어갈 산길을 덮고, 이방인이 지나온 발자국을 덮는다. 눈앞에 백설이 형형한 세계가 펼쳐진다. 사천왕문에 들어서서 바라본 장면은 마치 한 폭의 명화를 보는 듯 진기하다.

지난 시절 본 무량사 풍경이 아니다. 눈발로 커튼을 친 듯 거대한 극락전과 오층 석탑 그리고 석등이 몽환적으로 어른거린다. 눈앞에 등 굽은 소나무 줄기는 금방이라도 땅으로 내려와 기어다닐 듯하다. 눈발 속에 서 있는 만물이 새롭다. 눈은 지상의 모든 물상을 하얗게 만들어버릴 태세라 나그네는 감탄사만 남발하고 서 있다. 하얀 것 외에는 다른 색의 존재는 있을 수 없다는 듯한 무량한 세계, 그저 바라보기만 해도 좋은 날이다.

천년 고찰 만수산 무량사는 부여 팔경 중 한 곳이다. 일 년 중 어느 때에 방문해도 사계절 숲이 반겨주고, 계절마다 다른 느낌을 얻는다. 설경 속 사찰 특히, 눈이 내리는 날 사찰의 분위기는 오묘하다. 말로 형용할 수 없는 정취를 온몸으로 체험

부여 무량사 오층석탑(보물 제185호)

부여 무량사 극락전(보물 제356호)

하게 되리라. 대한민국은 사계절이 뚜렷하기에 어떤 대상을 한 계절만 보아선 제대로 보았다고 말할 수 없으리라. 봄에는 묵은 전각이 신록으로 다시 태어나는 듯 싱그럽다. 한여름 기와지붕 처마 끝에서 아수라 밥상으로 떨어지는 낙숫물 소리와 빗살이 사찰의 운치를 더한다. 또한, 붉게 피어나는 백일홍은 전각을 더욱 화려하게 수놓는다. 푸른 댓잎이 가을바람에 흔들리거나 오색 아기 단풍잎이 발치에 붉게 물들이는 사찰의 자연미. 계절이 주는 정취의 묘미를 느끼고자 일부러 사찰을 찾는 이유 중 하나이다.

'무량'無量은 '가히 비유할 수 없을 정도로 많은 수'를 의미한다. 《화엄경》에 나오는 무량에는 부처님의 자비는 한계가 없다는 의미가 내포되어 있으리라. 무량사라는 이름다운 전각에 숨은 이야기가 무량하다. 무량사의 큰 법당인 극락전(조선 중기 목조건물, 보물 제356호)은 우리나라에는 흔히 볼 수 없는 백제 양식으로 겉보기에는 2층 구조의 전각이나, 내부는 층 구분 없이 하나로 트인 중층 건물이다. 법주사 대웅보전과 화엄사 각황전과 함께 우리나라 3대 불전에 꼽힌다. 극락전 층고가 높아 국내에서 가장 큰 소조아미타여래삼존좌상(보물 제1565호)을 모시고 있다. 그리고 극락전 앞 일직선에 우뚝 선 부여 무량사 오층 석탑(보물 제185호)과 부여 무량사 석등(보물 제233호)이 국가지정문화재이다. 무량사는 문화재의 보고라고 해도 손색없는 명찰이다.

무량사에는 잊을 수 없는 독보적인 분이 계신다. 우리나라 최초의 소설『금오신화金鰲新話』를 쓴 생육신의 한 사람인 매월당梅月堂 김시습金時習(1435~1493)이다. 그는 조정에 나아가지 않고 유랑하며 초야에 묻힌 분이다. 전국을 떠돌던 매월당은 설잠雪岑이라는 법호로 출가하였고, 무량사에서 생을 마쳤단다. 영정각에 모신 김시습의 영정(보물 제1497호)의 부릅뜬 눈에서 곧은 정절과 기개가 느껴진다. 무엇보다 조선 시대 초상화 중 걸작이라는 점에서 가치가 높아 문화재로 지정되었다.

　마침, 무량사를 찾아간 날이 12월 21일, 백설이 분분한 동짓날. 사천왕문부터 극락전과 석탑, 부도전 곳곳에 팥죽이 놓여 있다. 고수레는 민간신앙으로 잊혀가는 풍습이다. 이웃과 더불어 들짐승과 날짐승에게도 음식을 나누는 복을 짓는 일로 전한다. 친정어머니가 동짓날이면, 시루떡을 쪄서 떡을 나누기 전에 장독과 담장 등에 떡을 떼어 고수레로 얹어 놓던 모습이 눈앞에 선하다. 사찰을 돌아 내려오는 길에 김시습 부도 상석에 올린 팥죽을 발견한다. 흰 보시기 안 붉은 팥죽 위에 백설이 내려 유난히 붉게 빛난다. 매월당의 정신이 서린 것인가. 묘한 정취에 휩싸이게 한 동지팥죽은 기억에 오래 남을 장면이다.

산사, 가보면 압니다
- 꽃 절, 선암사와 봉정사

 사철 머물고 싶은 산사가 아랫녘에 있다. 몸은 멀리 있어도 마음은 매번 절집으로 달려간다. 어느 날 어느 시간, 무작정 떠나도 좋은 시공간이다. 오래 묵어 고아한 멋과 꾸미지 않은 고즈넉한 풍경에 심신이 절로 편안하다. 다시 가보고 싶다고 즐거운 후렴이 이어지는 곳. 만인이 사랑하는 산사이다.

 최근 한국의 산사 7곳이 유네스코 세계문화유산에 올라 국민으로서 환호한다. 내가 깊이 감명한 산사라 더욱 기쁘다. 양산 통도사, 영주 부석사, 안동 봉정사, 보은 법주사, 공주 마곡사, 순천 선암사, 해남 대흥사가 바로 그곳이다. 모두 깊은 산속에 천년 넘게 자리한 사찰이다. 세계유산위원회에 한국 불교문화의 고유성과 깊은 역사성, 무엇보다 한국의 산사는 사라진 문명의 흔적이 아니라 지금까지 생생하게 살아 있는 문명이라고 강조하였단다. 사찰을 구성하는 여러 전각과 산사에 이르는 운치 넘치는 산길, 산사를 품은 수려한 산세, 산사에서 바라본 아름다운 정경도 한몫했으리라. 만물이 서로 조화를 이뤄야 진정한 존재의 의미를 찾을 수 있다는 화엄 사상과 일치한다.

봉정사 극락전(보물 제15호) 우물천정에 핀 꽃

순천 선암사 승선교(보물 제400호)에서 한 점 꽃으로

지성이면 감천인가. 불교에서 기도할 때 108, 1080, 3000배를 올린다. 공교롭게도 세계문화유산 등재 번호가 1080번이다. 세계문화유산으로 확정되기 전 사전 심사에선 유네스코 자문 심사 기구는 봉정사, 마곡사, 선암사를 제외한 4개 사찰만 등재 권고한 것이다. 서양인은 규모가 큰 것을 좋아하는 경향이 있다. 만약 세계유산을 사찰 크기로 선정했다면, 실망은 컸으리라. 선암사와 봉정사의 참모습을 보지 못하고 알지 못하는 사람일 거다. 때론 언어로 형용할 수 없는 무형의 유산도 있다.

 부석사가 심사위원들의 마음을 제일 먼저 사로잡았단다. 최순우 선생의 저서 『무량수전 배흘림기둥에 기대서서』로 더욱 유명해져 발길이 끊이지 않는 사찰이다. 소백산맥 전체가 사찰의 정원인 양 넓게 펼쳐지는 장엄한 위엄이 느껴지는 부석사, 정녕 한국의 산사 중에 내로라한다. 무량수전에서 조금 떨어진 삼층석탑에서 무량수전의 지붕을 바라보자. 처마 선이 마치 춤을 추는 듯한 광경이 그려지리라. 정녕 산사마다 남다른 멋이 있다. 굳이 마음을 울린 산사를 고르라면, 전각이 자리한 구석구석에 아기자기한 멋과 꽃 정취가 좋은 선암사와 봉정사를 손꼽는다.

 봄비가 추적거리는 날 봉정사를 찾은 중생을 말없이 품어준다. 사찰의 규모는 작지만, 마치 어머니 품속처럼 안온하다. 극락전 뒷마당 검버섯 핀 긴 돌담 아래 하늘거리는 붉은 매 발톱

봉정사 극락전 뒤편 돌담 아래 매발톱

봉정사 영산암 오르는 길

군락지가 눈앞에 삼삼하다. 뒤뜰 영산암 오르는 계단도 잊히지 않는다. 곳곳에 오래 묵어 더욱 푸근한 전각과 소소한 아름다움을 주는 자연에서 얻은 감동을 어찌 글과 말로 다 형용할 수 있으랴. 고금당(보물 제449호) 뒤 산신각 오르는 길목에 선 오래된 참나무가 사찰의 문화와 역사를 증명하고 있다. 푸근한 매력을 선사하는 한국 정원의 미학을 대표하는 봉정사, 가보면 모든 것을 알게 된다.

설중매, 이른 봄 매화를 보고자 찾아가는 곳이 바로 순천 선암사이다. 승주읍 조계산 동쪽에 자리한 사찰로, 임제선사 선풍의 대쪽 같은 승풍을 고고하게 지켜온 청정 도량이다. 천년 고찰답게 수행자의 삶과 역사, 한국의 독특한 문화유산을 인정받은 곳이자, 다수의 보물과 국보를 지닌 아름다운 사찰이다. 사월 중순이면, 경내 원통전과 각황전 담장을 따라 무우전 사이에 꽃 마당이 펼쳐진다. 잔설이 녹기 전에 매화가 피어 봄을 알리니 뭇사람의 엉덩이를 들썩이게 한다. 선암매(천연기념물 제488호, 수령 600년)는 선암사를 대표하는 꽃으로 '꽃 절'이라고 불릴 정도로 유명하다. 선암매는 해마다 어김없이 사람들을 문화유산의 장으로 불러 모은다.

조선의 국토는 산하山河 그대로 조선의 역사며 철학이며 시며 정신입니다. 문자文字 아닌 채 가장 명료하고 정확하고 또 재미있는 기록입니다. 조선인의 마음의 그림자와 생활의 자취는 고스란히 똑똑히 국토의 위에 박혀 있어 어떠한 풍우라도 마멸시키지 못하는 것이 있음을 나는 믿습니다.
―최남선의 〈심춘순례尋春巡禮〉 서문에서

 남도 기행문 집 『심춘순례尋春巡禮』는 육당 최남선이 몸소 답사한 생생한 국토예찬國土禮讚 기록이다. 육당도 선암매의 자태와 향기를 예찬하였다. 지인에게 봄꽃이 스러진 선암사를 호젓하게 찾아보라고 권유한다. 붉은 벚꽃이 기와지붕과 돌담 위에 하르르 떨어져 쌓이고, 꽃잎으로 바닥을 덮은 꽃길을 걸어보라.

선암사를 덮은 벚꽃잎

차마 그 길을 밟지 못하고 주저하리라. 세상에 그 무엇도 부러울 거 없는 여인의 미소를 지으리라.

  선암사에 또 다른 백미는 산사에 이르는 길이다. 산길은 비움과 채움의 경계이자 정화의 숲 터널이다. 한여름 산은 건장하고 숲은 빼곡하고, 무성한 나무 그늘은 깊다. 계곡 물소리는 이방인의 꽁무니를 따라와 귀를 씻고 눈도 씻어주리라. 그렇게 자연을 즐기며 걷다 보면, 고풍스러운 강선루 풍경과 마주하리라. 아름다운 곡선의 승선교 아래 한 폭의 산수화 같은 잔잔한 물결 위로 비친 누각의 모습도 꼭 챙겨보기를 바란다. 초록이 짙어지면 '초록물' 들고 울긋불긋 단풍 들면 '단풍 물' 드는 곳. 일주문에 닿기 전 이미 마음은 청량해져 자연과 하나가 된 자신을 발견하리라. 자연의 기운을 마음껏 누리며 팍팍한 가슴은 정서적 공간으로 바뀌리라.

  자연 지형을 이용한 조형예술의 백미인 한국의 산사. 산지 승원이 세계문화유산 등재로 한국은 '산사의 나라'라는 이미지를 추가한다. 누군가의 지극한 정성과 노력으로 한국 문화유산의 자존심을 세운 큰 성과이다. 13개의 세계문화유산을 지닌 나라이다. 일상에서 만나는 한국미가 우리만의 문화유산이 아닌 인류의 문화유산이기에 후인은 보존과 계승이란 과제가 남아있다. 아직도 여행을 '산사로 가느냐?'라고 묻는 사람이 있다면, 한마디로 '산사, 가보면 압니다.'

세상에서 가장 작은 집
– 선암사와 비암사 산신각에서

   선암사에 군더더기 없는 아담한 전각이 있다. 허리를 굽히고 들어가 앉으면 한 사람만 겨우 운신할 수 있는 방이다. 이름난 절집을 여러 곳 보았지만, 이토록 작은 집은 처음 본다. 산신이 머물기엔 작아도 너무 작다. 누군가를 향한 기원은 자신의 속내를 적나라하게 드러내는 행위이다. 그러니 간구함에 집 크기가 무슨 대수이랴. 수많은 중생의 염원이 깃드니 여느 집보다 기氣가 충천하리라. 신도 가끔은 지상에 내려와 비손하는 중생을 어여삐 여겨 그들의 염원을 들어주리라.

   순천 선암사는 진입로부터 남다르다. 산자수려한 경치와 비범한 문화유산, 맑은 계곡물 소리를 들으며 걷는 산책길은 선계에 든 듯 황홀하다. 산길 위에 신선이 되어 올라간다는 승선교와 선녀가 내려온다는 강선루가 그것이다. 어디 그뿐이랴. 사찰 안에는 봄을 울리는 선암매와 왕벚나무, 기와 담장을 기어오르는 불도화 등 계절 꽃과 해묵은 노목에 매료되리라. 경내는 크고 작은 전각이 여럿이라 응진당 부속건물처럼 보이는 산신각은 묻히고 말리라. 하지만, 이 작은 집에 발원의 발길이 끊이지 않는다.

간구의 삶은 세대가 흘러도 변함이 없는 것 같다. 인간의 그칠 줄 모르는 욕망 때문이라고 단정하기엔 부족함이 있다. 어머니의 손을 잡고 산속의 절집을 코흘리개부터 따라다닌 영향인가. 전각의 풍취와 벽화를 자주 보아서인지 붉은 칠을 한 단청이나 탱화, 사나운 표정의 사천왕상이 무섭게 느껴지지 않았다. 어머니는 법당에 들어 무릎에 검푸른 멍이 들도록 절을 하였다. 이어 산신 앞에서도 지문이 닳도록 비손하였다. 어디 그뿐이랴.

 새벽녘 장독대 앞에서 비손하는 어머니를 자주 보았다. 대접에 찬물 한 그릇 떠 놓고 기원하는 모습은 지금도 생생하다. 그리고 가족의 생일에는 시루떡을 손수 장만하신다. 부엌에서 김이 오르는 떡을 나누기 전에 장엄한 의식을 치른다. 시루떡 위에 찬물 한 대접을 올려놓고 삼신할미에게 공손히 두 손을 모아 비손한다. 이어 떡을 접시에 나눠 집안 곳곳에 고수레한다. 당신의 기원은 미래의 걱정이 아닌 현실에서 가족의 건강과 지인의 평안이었으리라.

 선암사 칠전선원 안 달마전 부엌에 들면 조왕竈王신을 모신 곳이 있다. 민간인에게는 공개되지 않는 스님들의 공간이다. 부뚜막 중앙에 말로만 듣던 조왕대신위를 적은 패와 제기, 목탁이 보인다. 바닥에는 물을 담아 쓰는 수각과 호박 형상의 오래된 주전자가 허공에 매달려 있다. 21세기를 살아가는 후인이 토속신앙을 고수하기란 쉽지 않다. 문명의 혜택을 가장 많이 받은 공간이 바로 부엌이리라. 그런데 아직도 군불아궁이 부엌에

세종시 비암사 산신각

조왕신을 모시고 있어 신기하고 놀라울 뿐이다.

부엌 뒤편으로 나서니 아담한 뒤뜰이다. 신록의 나무들이 눈부시고 바닥엔 주변의 돌을 주워 온 듯 울퉁불퉁 제각각이다. 계곡의 물줄기는 배를 가른 통나무를 거쳐 대나무로 흐른다. 모양이 다른 네 개의 수각에 산물이 고인다. 주변의 경물과 독특한 수각이 조화롭다. 스님은 매일 수각의 물을 받아 신전에 올리는가 보다. 마시는 물 하나도 소중히 다루며 자연의 이치를 따른 숨결과 정신에 감응한다.

민속신앙에는 수많은 신이 존재한다. 만물의 탄생에는 하늘과 땅, 물이 필요하다. 불교는 다양성과 융통성을 발휘하여 하늘을 관장하는 칠성신, 땅을 관장하는 산신(지신), 물을 관장하는 용왕신을 받아들여 중생의 마음을 어루만진다. 삼신할미로 믿는 삼신일체인 삼신상제다. 불교 철폐로 사찰이 산속으로 숨어들며 산신 신앙은 불교에 수용되어 정착된다. 산신각은 산신을 모신 곳이다. 우리나라는 국토 대부분이 산지인 한국의 지형 특성으로 산신 신앙이 강하다. 산신은 도교에서 유래한 신으로 불교가 들어오기 전부터 민간에 널리 믿고 받들었던 토속신앙이다.

인간에게 신은 경외감과 두려움의 대상이다. 현재는 산신각이 대부분 법당의 뒤편이나 후미진 곳에 자리한다. 일부러 찾지 않으면 볼 수 없는 신의 공간이다. 전각의 크기는 정면 1칸에 측면 1칸의 작은 규모이다. 크기는 둘째치더라도 산신은 산의 신령이니 산속 제일 높은 곳에 머물 것만 같다. 신과 접견도 마찬가지이다. 필자의 생각과 맞물린 산신각이 존재한다. 우연히 찾아간 절집, 비암사는 갈수록 가고 싶은 마음이 절로 일어나고 편안하다.

비암사는 백제 유민의 염원이 깊은 곳이다. 삼층 석탑에서 나

선암사 달마전 뒤뜰 수각

선암사 산신각

선암사 조왕전

온 불비상이 그 증거이다. 불비상佛碑像은 돌을 비석처럼 다듬어 앞면이나 네 면에 부처를 조각하고 발원문發願文을 새겨 놓은 불상이다. 네모반듯한 화강암에 좌불과 화불, 나한상 등 염원의 기호를 빼곡히 새겨 넣었다. 나라를 잃은 슬픔과 재건을 위한 간절한 소망을 돌에 새겨 간구한 것이다. 비암사를 찾을 때마다 숙연해지는 이유가 여기에 있다.

비암사 산신각은 극락보전과 대웅전 처마가 맞닿은 소실점, 하늘 가까이에 자리한 전각이다. 하늘을 향하여 108계단을 걸어 올라야만 전각에 닿을 수 있다. 신은 하늘 바로 아래에서 중생을 한눈에 살펴 구원하리라. 산신께 예를 갖춘 후 문을 활짝 열어 문턱에 걸터앉는다. 산신의 시선을 따라 멀리 바라보니 어느 시인의 글귀처럼 '몸의 감각이 자연의 파동에 찰랑거리는' 듯하다. 마음에 바람이 부는 날 달려가고 싶은 작디작은 집이다.

삼신의 믿음은 전통문화의 모태이자 뿌리 깊은 신앙이다. 인간은 신이 아닌 이상 신을 향한 염원은 지속되리라. 누군가를 위하여 합장한 모습은 거룩하다. 기도는 자성의 길이자 생명에 유익한 묘약이다. 산에 들면 순해지는 이유는 아마도 산신의 염력 덕분이 아닐까 싶다. 인간이 스쳐간 자리에는 고유의 문화가 탄생하고 변화와 창조를 거듭하며 유산으로 남는다. 세상에서 가장 작은 염원의 집, 산신각이 그 증거이다.

*참고문헌: 노승대, 『사찰에는 도깨비도 살고 삼신할미도 산다』, 불광출판사, 2019년

미황사 대웅보전(보물 제947호)

수수한 벼꽃처럼 일렁이는 산사
– 달마산 미황사에서

 가도 가도 황톳길이다. 산사에 가까워질수록 드넓은 황토밭이 펼쳐진다. 차창으로 스치는 붉은 흙이 정겹다. 청보리가 누렇게 익어가고 황금 들녘을 드문드문 보여준다. 민가의 담장 아래 핀 유채꽃이 이채롭다. 바람결에 흔들리는 유채꽃이 노랑나비의 군무처럼 비친다. 마치 이방인의 발길을 반기는 듯하다. 남도의 산사를 찾아가는 길목이 참으로 수수하고 평화롭다.
 고대하던 미황사 일주문 앞이다. 달마산 미황사達磨山美黃寺, 산문인 현판부터 남다르다. 한자에 그림을 더하여 미감이 넘친다. 달마산의 '산山'자에는 속세인 차 안에서 피안의 정토에 이르는 배, 반야용선을 탄 나그네가 산문을 넘고 있다. 우리의 방문을 눈치채고 있었던가. 나비는 해남 초입에서 산문까지 안내하고 '황黃'자에 앉아 기다리는 듯하다. 박방영 화백의 편액은 사찰의 위엄과 경건함을 넘어 잔뜩 긴장한 몸을 풀고 가라는 의미처럼 푸근하다.

이산하 시인은 미황사를 '하얀 벼꽃 같은 절'이라고 적는다. 산사 기행을 감질나게 엮은 시인의 담백한 문장에 산사가 보고 싶어 안달이 난 것이다. 사찰의 모습과 구성하는 부속물이 궁금하였다. 자하루를 지나 계단을 오르니 목조건축물 대웅보전(보물 제947호)이 지하에서 서서히 떠오르는 듯 나타난다. 주변의 당우가 단청하여 화려한데, 대웅보전은 무채색의 나뭇결로 하얗게 돋보여선가. 내소사 대웅보전처럼 단아하다. 처음부터 단청을 칠하지 않았던 것은 아닌 듯싶다. 처마 밑 공포에 녹색의 칠이 군데군데 남아 있다. 어느 시인은 단청을 칠하지 않은 법당이 있는 듯 없는 듯하여 '벼꽃 같다'라고 했던가.

벼꽃은 꽃 피는 시기를 알아야만 눈에 보인다. 시기를 모르면, 벼꽃이 피는지조차 모르고 스쳐버린다. 벼꽃은 허리를 잔뜩 수그려 톺아야만 볼 수 있다. 벼에 실오라기처럼 붙은 하얀 꽃은 마치 봉제를 마친 옷가지에 군더더기처럼 붙은 가는 실오리 같다. 벼꽃이 피기까지 생태는 어떠한가. 작은 볍씨가 어린 모가 되어 흙과 햇빛, 바람과 물을 만나 벼가 된다. 사계절 농

미황사 대웅보전 측면

미황사 일주문 현판

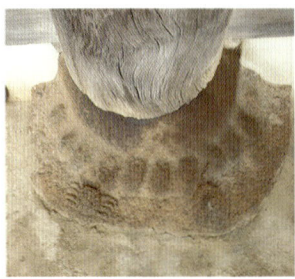

주춧돌에 새긴 꼬물거리는 꽃게

부도암 마당에 움푹 파인 곳의 비석

부의 땀으로 짓는 신성한 쌀은 벼꽃이 피어야만 열매를 거둘 수 있다. 인간의 생명을 유지하는 거룩한 식물인 벼꽃에 비유한 미황사가 새롭게 보인다.

미황사 대웅보전은 오랜 세월 풍화로 시간이 만든 예술품이나 다름없다. 단단한 느티나무 기둥이 갈라지고 쪼개져 자연미가 철철 흐르는 나뭇결의 모습이다. 그야말로 치장 없는 벼꽃처럼 단아하고 수수하다. 인간의 재주가 훌륭해도 세월이 만든 배흘림기둥처럼 조각할 순 없으리라. 벼꽃에 비유한 생명은 어디에 또 머무를까. 내가 서 있는 이곳은 우리나라 땅의 끝이다. 지리적으로 더는 나아갈 수 없는 막다른 곳이다. 숨탄것들은 오도 가도 못하는 곳에 닿아 법당 주춧돌에 주저앉아 숨을 고르고 있었으리라. 먼바다를 바라보며 숨 가쁜 삶을 내려놓고 마음의 평정을 찾았을 것만 같다. 수많은 중생이 이곳에 몰려드니 스님도 어쩌지 못하고 법당 주춧돌을 내준 것이다. 그렇게 찾아드는 중생을 내치지 못한 보리심 깊은 대사님들의 부도에도 머물게 되었으리라. 스님의 자비심에 교화되어 그들도 열반에 들었을지도 모른다.

미황사는 벼꽃처럼 검질기게 생명력이 넘치는 공간이다. 산사를 두고 '동물의 왕국'이란 소리를 육안으로 마주하는 순간이다. 약 400년 묵은 나뭇결이 손끝에 결 곱게 느껴지는 법당을 빼고는 남다를 것 없는 사찰이다. 느티나무의 결이 물결치듯 맞닿은 주춧돌에 새긴 무늬가 비밀의 열쇠이다. 바다에서 꼬물

꼬물 기어 온 꽃게와 머리를 길게 빼고 꼬리를 치켜든 거북이는 어디를 기어오르는 것일까. 굴비 꾸러미를 엮어 놓은 듯한 모습에 손으로 들추고 싶은 욕심이 일어난다. 석공은 바다 생물을 추상화처럼 주춧돌에 무늬를 새겨 놓은 것이다. 동물 새김은 법당만이 아니다.

  미황사 남 부도전은 깊은 산속에 있다. 대웅보전에서 700여 미터, 하늘이 보이지 않을 정도의 울울창창한 오솔길로 거슬러 오른다. 산사 초입의 지형은 바뀐 듯싶다. 사찰의 구조상 대부분 일주문을 지나 고승들의 사리함이 안치된 부도(승탑비)전이 자리한다. 오솔길 반대편 길이 보이는데 아무래도 그쪽이 산사 초입이었을 것만 같다. 우리나라에 제일 큰 부도밭이 두륜산 대흥

미황사 남 부도전(부도 21기)

부도에 새긴 다양한 무늬

사와 달마산 미황사에 존재한다. 미황사에는 별도로 부도 암자가 있을 정도이다. 부도밭의 크기는 직접 보아야만 실감 나리라.

　부도전은 사찰의 역사와 문화를 엿볼 수 있는 죽음의 공간이다. 시대마다 부도의 재질과 조각의 양상이 다르다. 하지만, 대부분 주변에서 출토되는 돌로 부도를 세운다. 부도에 새긴 문양들은 과연 '동물의 왕국'이라는 말이 나올 법도 하다. 상상의 동물인 도깨비와 용머리, 다람쥐와 토끼, 두루미 같은 육지 동물과 거북이와 게, 물고기, 문어 등 바다 생물까지 다채롭다. 특히, 요가의 한 자세인 학 자세를 취한 부도에서 그만 폭소가 터지고 만다. 혼자 보기에는 정말 아쉬운 돌 새김무늬이다. 많은 생물을 품고 있는 부도의 주인은 참으로 자애로운 분이신가 보다. 죽어도 죽지 않은 것처럼 그들의 생명의 기운이 뻗쳐 나를 미황사로 안내한 것을 보면 알 수 있다. 석공은 아마도 스님의 거룩한 마음을 돌에 새겨 만인에게 알리고 싶었는지도 모른다.

　'벼꽃 같은 산사'를 세운 선인은 떠나고 없다. '소멸의 끝은 생성이고, 모든 생성은 기어이 소멸'한다. 산사에서 '삶과 죽음을 늘 한눈에 살피는 격'이다. 벼꽃처럼 일렁이는 건축물과 돌에 새긴 생명체들이 시공간을 초월하여 나그네의 가슴을 뒤흔든다. 주춧돌과 부도에 새긴 무늬의 해석은 사람마다 다르리라. 후인에게 남긴 삶의 유산인 기록이 없어 의문도 일지만, 덕분에 즐거운 상상은 늘어난다. 파블로 네루다 시詩의 '아직 노래하지 않은 작은 단어들'이 튀어나와 산사의 이야기는 풍성해진다.

오감의 촉수를 일으키는 벽화
– 파주 고령산 보광사

  오늘도 새벽길에 오른다. 코로나19로 사람들을 의식한 사찰 답사이다. 절집 문을 들어서기 무섭게 가슴에 품은 목적지로 향한다. 시선은 대웅보전 벽면에 그려진 거구의 코끼리 모습을 찾고 있다. 삼면에 그려진 외벽 판 벽화가 여느 법당과 달라서다. 호랑이라고 하기엔 귀염성 어린 동물 형상의 벽화를 바라보던 참이다. 순간 등 뒤에서 광선이 쏟아지는 게 아닌가. 뒤돌아보니 산기슭 희뿌윰한 안개를 뚫고 나온 아침 햇살이다. 마치 반야용선에 올라타라는 듯 찬란한 빗살의 암시인가.

  벽화에 빛이 어리니 그림이 움직이는 듯한 신기루 현상이 나타난다. 탄성이 절로 흐른다. 사진작가들이 새벽녘 집을 나서는 이유가 여기에 있을 듯싶다. 같은 사물이라도 빛에 의하여 물상의 진정성을 발한다. 여하튼 빛이 아니라도 법당의 구조가 남다르다. 대부분 법당의 벽화는 회벽 위에 부처의 행적인 팔정도 벽화가 그려져 있다. 보광사 전각 중 유독 단청이 발하여 시선에 와 닿는 대웅보전(경기도 유형문화유산 제83호)이다.

  보광사 벽화는 판자 위에 그린 민화에 가까운 그림이다. 거대한 코끼리와 반야용선, 삽살개 비슷한 동물이 그려져 있다. 불교는 고려말 사대부들이 성리학을 받아들이며 설 자리를 잃는다. 전각에 그린 민화의 출현은 도심에서 벗어나 산속으로 들어가며 대중을 껴안기 위한 소통이란다. 산신각도 마찬가지이다. 민간 토속신앙과 대중문화를 융합한 산사의 문화가 아닐까 싶다.

절집에 민화를 떠올리니 잊히지 않는 그림이 있다. 순천 선암사 원통전(대복전) 들어가는 문창살 아래 방아 찧는 토끼이다. 의인화한 토끼를 절집에서 발견하고 신기해한 그림이다. 동화 속에서 바라보던 한가위 보름달 속 두 토끼의 모습이라 반가웠다. 유년 시절 달 속에 토끼를 찾느라 보름달을 바라보고 또 바라보던 기분 좋은 기억이다. 해맑은 동심의 마음이 절집에도 있다는 걸 처음 본 것이다.

보광사 대웅보전 코끼리 판벽화

선암사 원통전 문창살 아래 방아 찧는 토끼   보광사 만세루 처마에 매달린 목어

파주 보광사 대웅보전

보광사에는 오감의 촉수를 일으키는 물상이 여럿이다. 절집에 들자 쌉싸름한 국화 향기가 진동하며 코끝을 자극한다. 누구라도 하얗게 핀 구절초 꽃 무더기에 얼굴이 환하게 밝아지리라. 꽃의 지근거리에서 수많은 꿀벌이 앵앵거리며 꿀을 따느라 분주한 삶의 현장도 만나리라. 꽃길을 따라 걷다가 숙빈 최씨의 위패를 모신 사당 어실각과 사당 쪽으로 휜 삼백 년 묵은 향나무를 발견하고 고개가 절로 숙어지리라. 하얀 구절초는 지극한 사모의 정情, 영조 대왕의 효성 지극한 마음을 안 불자의 대리 표현일 것 같다. 공화供華의 마음도 깃들지만, 영조의 어머니인 숙빈 최씨의 넋을 기리는 축원의 꽃이기도 하리라.

보광사 또 하나의 귀물은 목어일 것 같다. 목어는 불전 사물의 하나로 범종각 안에 자리한다. 오랜 세월에 단청이 벗겨져 나무의 결이 드러난 목어가 만세루 낮은 처마에 매달려 있어 낯설다. 만세루 툇마루에 앉으면 목어의 뱃속이 훤히 드러난다. 목어의 생김도 특이하여 그 소리가 궁금하다. 두상은 여의주를 물고 있는 용의 형상에다 꼬리는 물고기의 모습이다. 조각한 목어가 너무나 생생하여 금방이라도 여의주를 뱉어낼 것만 같다. 목어 턱 밑에 두 손을 받치고 싶다. 우스갯소리지만, 입안의 귀물을 떨어트리지 않고 받아야 한다는 긴장감도 감돈다.

마지막으로 도솔암을 오르는 숲길이 압권이다. 암자를 오르지 않으면, 늦가을의 진수를 맛보지 못하리라. 법당 뒤편에는 울울창창한 전나무 숲이 펼쳐진다. 두 팔을 벌려 심호흡하여 신선한 공기로 바꾸어도 좋으리라. 도솔암 가는 길은 붉은 낙엽이 쌓여 메마른 낙엽 소리가 좋은 오솔길이다. 더불어 상수리나무의 쌉싸래한 낙엽 향기를 맡으니 감성지수가 저절로 오르는 듯하다. 하지만, 감상은 여기까지, 오르막길이 만만치가 않다.

영조 생모의 넋을 기린 어실각과 300년 묵은 향나무

산을 즐기는 사람도 쉬엄쉬엄 오르는 길이다. 산길을 급히 오르면, 절반도 가지 못하고 도중하차하리라. 오기로 똘똘 뭉친 나 같은 사람은 눈물과 콧물 질질 짜며 오르고 말리라.

대부분 사찰의 암자가 산허리쯤에 위치하는데, 도솔암은 산꼭대기에 있다. 소의 걸음처럼 한 걸음 한 걸음, 우보일보牛步一步로 나아가야만 한다. 암자는 쉽게 자신의 모습을 보여주지 않는다. 눈물과 콧물, 땀으로 목욕을 한 후 야속하게도 온몸의 구멍으로 모든 걸 비워낼 즘 모습을 드러낸다. 산속으로 얼마나 들어왔는지 주위엔 겹겹이 산등성이만 보인다. 사찰의 전경이 보이지 않는 건 산들이 절집을 품고 있어서다. 나그네는 암자에 오래 묵은 소나무를 보고야 부여잡고 있던 욕망의 밧줄을 한순간에 놓아버린다.

맨가슴으로 살아온 사람에게 묵언의 가르침이다. 산사에서 대중과 소통하는 판 벽화와 살벌한 정치 속에서 영조의 지극한 효심의 증표 그리고 내 발로 지르밟아 암자를 걸어간 길에서 깨우침을 얻으리라. 진심 어린 발걸음에서 당신이 짊어진 삶의 무게를 온전히 느끼리라. 그렇게 황량한 마음속을 스스로 걸어 나와 본연의 모습을 발견한다. 이어 하심이 되어 뚜벅뚜벅 세상 속으로 들리라. 머지않아 낙엽이 쌓인 쓸쓸한 숲을 따스하게 감쌀 함박눈이 내릴 것이다. 낙엽 길 위에 사락사락 눈이 쌓이며 나의 한 시절도 흔적 없이 묻히고 말리라.

화엄사 구층암 모과나무 기둥

자연이 낳은 미학, 산사에서
– 화엄사 구층암

 암자 모퉁이를 돌자 그의 몸빛에 눈길이 쏠린다. 말로만 듣던 대상이 툇마루에 화석처럼 서 있다. 모과나무 기둥은 삶과 죽음의 경계를 넘어선 듯 위풍당당한 모습이다. 죽은 나무는 금방이라도 처마를 뚫고 하늘로 치솟을 것만 같다. 메마른 줄기에 물관이 돌아 푸른 잎과 분홍 꽃을 피우고, 누런 열매를 주렁주렁 매달 것 같은 나무의 형상이다.

 암자에선 굳이 죽은 나무와 산 나무로 가름할 필요가 없다. 이 공간에선 나무의 생명 유무를 거론하는 건 무의미한 일. 다듬지 않은 모과나무는 울퉁불퉁 움푹 팬 줄기 그대로 승방의 기둥이 되고, 나뭇가지는 서까래가 되어 처마를 받치고 서 있다. 바람이 불면 나무는 휘파람 소리를 내며 흔들릴 것만 같다. 산 모습 그대로 줄기와 가지, 옹이와 결이 살아 있어 더욱 그런 느낌을 받는다. 암자에 모과나무를 기둥으로 삼은 그 발상이 하도 신기하여 탄복한다.

 더 놀라운 것은 한 공간에 대를 이을 모과나무가 자란다. 죽은 것과 산 것이 마주 보는 격이다. 승방의 기둥이 된 죽은 나무와 마당에 자라는 산 나무는 과연 어떤 생각을 품고 있을까. 생과 사의 극점에 서 있는 두 나무의 모습에 연민과 숭고함마

저 든다. 암자에 모과나무를 기둥으로 세운 대목장이나 마당에 모과나무를 심어 마주 보게 한 선인이 얄궂다. 시쳇말로 대를 이어 승방에 충성하라는 소리인가. 나무가 속세로 나갈 틈을 주지 않을 심산이 아니고 무엇이랴.

 죽은 나무의 족보를 잇는다는 건 겉보기에 좋은 모습이다. 식물의 세계는 그렇다 치고, 인간의 세계도 쉽지 않은 일이다. 성장기에 '넌 이 집안의 기둥이야, 대들보야'라는 말을 수없이 들어보시라. 어른의 부담스러운 말과 언어에서 느껴지는 중압에서 벗어나지 못할 것이다. 요즘은 자녀를 여럿 낳지 않고 낳아도 과보호하는 시대이니, 그 말의 무게와 심적 중압감을 어찌 알겠는가.

 인간의 어떤 부분을 비유한 것 중 나무만 한 것도 없는 것 같다. 과연 나무도 인간처럼 재목으로 키워지는 것일까. 아니면 성장 후에 재목으로 선정되는 것일까. 선인은 전통과 관습으로 집안의 기둥과 대들보로 이름 지어진 시절을 기억하리라. 딸부잣집 맏이는 살림 밑천에다 동생을 보살펴야 한다는 말을 귀에 딱지 앉도록 듣고 자랐다. 맏이란 중압감에서 벗어나고 싶은 적이 어디 한두 번이랴. 그러니 산 나무가 자신의 미래인 암자 기둥을 바라보는 심정은 또 어떠하랴.

 자연주의 미학을 살린 선인의 숭고한 행위를 어찌 탓하랴. 선인의 예술적 안목이 자랑스러울 뿐이다. 다만, 이미 정해진 일인 듯 '대를 이를 나무'라고 말하는 문화해설사의 말을 수긍할 수가 없어서다. 세상에 처음 태어난 듯 죽은 모과나무 기둥을 바라보고 싶었고, 대목장의 남다른 예술세계로 들고 싶었다. 그런데 해설사가 던진 무심한 말은 뇌리에 선명히 남아 덧없는 상념에 기둥 타령을 하게 된 것이다.

  툇마루에 앉아 모과나무 기둥을 어루만진다. 푸른 기색이 사라진 엷은 회색빛 감도는 나무 기둥의 모습은 처연하다. 하지만, 매끈한 표면의 느낌은 살아서나 죽어서나 여전하다. 자연이 낳은 친근한 기둥을 따라 처마를 바라보다 충남 서산 개심사 종각 기둥이 떠오른다. 관광객은 너나없이 청벚꽃 아래서 발 디딜 틈 없이 왁자하게 사진을 담고 있다. 나는 어수선한 그곳을 벗어나 벚꽃만큼이나 아름다운 휘어진 나무를 보고자 발길을 옮긴다.

  신록에 싸인 종각 지붕을 떠받든 네 개의 기둥 앞이다. 굵은 나무를 굽은 대로 겉만 다듬어 기둥으로 세운 것 같다. 한결같이 휜 기둥은 유연하게 춤을 추는 듯하다. 이런 고운 춤사위를 어디에서 볼 수 있으랴. 은근한 범종 소리가 아니어도 비뚤어진 나무를 바라보는 것만으로도 감성은 충만해진다. 또 하나는 심검당 들보인 등 굽은 나무와 배불뚝이 못생긴 기둥이다. 굽은 나무는 금방이라도 대웅전으로 구불구불 기어가 부처님께 경배를 올릴 것만 같다. 자연이 낳은 나무의 아름다운 선은 무한 상상력을 자극한다. 개심사도 구층암처럼 자연을 닮은 한 곳이다.

개심사 범종각

화엄사 구층암 모과나무 기둥

선암사 뒤깐

　지금 구층암에는 죽은 나무와 산 나무가 세기를 초월한 대화를 나누고 있다. 나무가 한 공간에서 마주 보는 행위는 대를 잇는다는 개념이 아니다. 못생긴 나무가 고향을 지킨다는 말처럼 말하기 좋아하는 사람의 말이다. 선암사 해우소의 등 굽은 소나무를 본 사람이라면, 그 말을 물리리라. 선인은 건축설계의 역발상으로 화장실을 편안한 장소로 탈바꿈시킨다. '뒤깐'을 본 정호승 시인은 오죽하면, 울고 싶을 때 '선암사 해우소 앞/ 등 굽은 소나무에 기대어 통곡하라'고 시詩적 정취를 격하게 읊었으랴.

모든 문화유산은 인간이 만들어낸 산물이다. 떠도는 말과 행위도 인간의 부산물이다. 그 산물이 진리인 양 떠드는 말을 믿고 고민하며 옥죄여 살아가는 것 같다. 얼마큼 세월을 보내야 부질없는 말과 행위, 상념에서 벗어날 수 있을까. 어른들이 입버릇처럼 한 말을 삶의 경륜이 짧아 심각하게 받아들인 점도 없지 않다. 그보다 내 안에 이기심으로 진을 치고 사전 방어에 나선 것은 아닌가 싶다. 아마도 모과나무 기둥을 세운 이는 자유로운 영혼을 지닌 사람일 것 같다. 자연을 섬기고 자연에서 낳은 친근한 목질의 아름다움을 아는 자연주의 미학美學을 품은 선인이리라.

옛것에서 시간의 가혹함과 덧없음에 이끌린다. 승방의 미학을 낳은 예인은 가고 없다. 하지만, 대목의 유산과 예술세계는 남아 후인의 눈길을 끈다. 지금 난 생명의 기운을 온몸으로 기억하는 죽은 모과나무를 붙들고 서 있다. 삶과 죽음이 하나인 구층암에서 어제와 오늘을 돌아본다. 일상의 긴장은 사라지고 몸과 마음이 편안하다. 자연을 거스르는 일 없는 암자처럼, 승방의 기둥이 된 나무처럼, 고아하게 늙어가고 싶다. 천지간 유산의 향기와 미를 찾아 드러내고 싶다.

잘 늙은 절, 화암사
- 전북 불명산 화암사

 화암사는 소리로 먼저 나그네를 반긴다. 청아한 계곡 물소리와 새 소리가 산사로 안내한다. 산사로 오르는 길은 번뇌가 끼어들 틈 없는 자연의 길이다. 소리를 따라 느린 걸음으로 굽이진 돌너덜길을 올라간다. 돌에 걸려 넘어질까, 벼랑 밑 바위에 낀 푸른 이끼에 미끄러질까 발밑을 조심하며 산길을 오른다. 그렇게 한 걸음씩 발을 옮기다 보면, 절집은 보이지 않으나 먼 데서 풍경 소리가 들려온다.

 흔한 일주문과 사천왕도 없는 빈약한 절이라고 그 누가 비웃으랴. 산사에 당도하기 전 나의 두 눈으로 확인하지 않았던가. 길섶에 보랏빛 얇은 가사를 걸치고 하늘로 날아오르는 듯 피어난 얼레지 꽃 군락과 공손히 절을 올리는 듯 등 굽은 나무의 기묘한 형상이 펼쳐진다. 산속에 드러나는 매혹적인 풍경은 바로 부처님을 향한 헌화 공양이리라.

 크고 작은 폭포 소리에 눈과 귀를 씻고 마음을 정갈히 하여 우화루(보물 제662호) 앞에 다다른다. 대부분 산사의 누각이 보이면, 그 전각 아래로 고개를 숙이고 허리를 반쯤 굽혀 예를 갖추듯 큰 법당 앞에 다다른다. 하지만, 완주 화암사는 다르다. 2층 누각인 우화루 옆 작은 돌계단을 올라 허리를 구부려 한 사람이 들어설 수 있는 쪽문으로 들어선다. 발을 내딛는 순간 산사의 고요를 풍경소리가 깨운다. 서편의 적묵당 그림자가 마당을 길게 차지하고, 처마 아래 흙 마당은 비가 내렸는지 빗살의 흔적으로 골이 깊다. 법당과 마주한 우화루에는 치장하지 않은 목어가 공중에서 노닐고 벽에 걸린 목탁은 외출 중인 스님을 기다리는 성싶다.

ㅁ자형 구조의 전각은 사찰이라 하기엔 조금은 빈약해 보인다. 그러나 전각 하나하나를 톺아보니 나의 부족한 안목이 바로 드러난다. 처마 단청이 적당히 빛바랜 극락전(보물 제318호)은 백제시대 건축되었을 거라는 추측을 낳은 하앙식 구조에 국내 유일한 목조 건축의 백미란다. 처마 밑 현판이 지극히 소박하다. 여느 사찰과는 다르고 형태도 독특하다. 금칠을 한 글자도 아니고 한 곳에 멋들어지게 쓴 현판도 아니다. 삼십 센티미터 남짓한 정사각형 목재에 극·락·전 세 글자가 따로따로 조각되어 있다. 처마를 바라보면, 입으로 소리를 내 읽지 않아도 글자를 읽는 양 환청이 들린다.

뒤꼍으로 가는 길에 만난 키 작은 부도는 누구의 것일까. 오랫동안 그 자리에 서 있었던 듯싶다. 비에 파인 노면을 그대로 두어 부도가 쓰러질 듯 세워져 있다. 이 또한 남 보이기 위한 형식에 치우치지 않는 청빈한 절이라고 가늠하리라.

산사를 다녀온 지 일주일째다. 내 눈앞에는 산사를 오르며 보

화암사 극락전(보물 제316호)

화암사 우화루(보물 제662호)

앉던 경치가 무시로 그려진다. 그 길을 따라 걸어 오르는 상상을 하면, 나의 메마른 귀를 어루만져 주던 기분 좋은 물소리가 따라온다. 겨울의 끝자락이라 볼거리가 없다고 여긴 산중에 나타난 크고 작은 폭포와 풍경을 뒤로하고, 어찌 집으로 향하는 발걸음이 가벼우랴.

화암사는 인간의 손을 덜 탄 누구 말대로 곱게 나이 든 '잘 늙은 절'이다. 오죽하면 건축물을 보고 잘 늙었다고 표현하겠는가. 이곳을 보고 감탄해 마지않아 시詩를 쓴 안도현 시인과 그곳에 머물렀던 선인은 아마도 이심전심이었으리라. 나도 시인처럼 '혼자 가끔 소중한 책처럼 펼쳐보고 싶은' 곳이다.

극락전을 바라보니 선문답 같은 자문자답이 떠오른다. 해를 더할수록 자주 하는 질문이지만, 해답을 찾지 못하고 있다. 어떻게 살아야만 잘 살았다고, 어찌 늙어야만 잘 늙었다고 말할 것인가. 나의 곤궁한 답변은 '삶을 즐겁고 제대로 살아가는' 것이다. 그리 스스로 말해 놓고 피식 헛웃음 짓는 일이 많아진다. 누가 봐도 답은 모호하지만, 이 질문은 인간의 영원한 화두로 남으리라.

어찌 늙는다는 것이 인간에게만 해당하겠는가. 세월의 흐름을 거스를 자 아무도 없으리라. 자신의 무게를 이기지 못하여 휘어진 버드나무도, 푸른 이끼로 뒤덮은 바위도 피해 갈 순 없다. 화암사도 마찬가지다. 인간의 욕심대로라면 산사를 편하게 오르고자 산허리를 잘라 도로를 내고, 경치가 좋아 휴양지를

화암사 부도

화암사 우화루 목어

화암사 오르는 돌너덜길

운운하며 숙소도 지었을 테다. 그리되었다면, 산사는 지금처럼 수수하게 보존되지도 못했으리라.

화암사는 자연스러움의 극치를 보여준다. 무생물인 절을 두고 '잘 늙은 절'이라고 극찬하는 걸 보면 알 수 있잖은가. 아마도 그곳을 스쳐 간 도량 깊은 선인의 의지 덕분이리라. 선인은 자연과 더불어 사는 삶을 일찍이 깨우치고, 무욕無慾과 지족知足을 몸소 실천한 것이다. 그러니 그들의 공간인 절집이 자연스레 늙고, 그 정신이 이어진 결과물이 아닐까 싶다.

적묵당 마루에 잠시 앉아본다. 눈을 감고 이곳에서 수도 정진하던 원효와 의상대사의 고고한 자태를 떠올린다. 적묵당에 머물던 수행자와 극락전 처마를 멋지게 올린 장인의 숨결과 올곧은 정신을 느끼고 싶다. 천 년이란 시공간을 초월하여 그들과 만날 수 있다면 무엇을 더 바라랴. 선인의 정신을 조금이나마 깨우친다면 더없이 좋으리라.

자연스럽게 늙어간다는 건 역시 마음을 비우는 일이다. 자신의 분수를 지키며 편안하게 살아가는 삶이다. 문명을 멀리하고 헛된 욕망을 비우며 세상일에 초연해지는 일이 쉽지는 않으리라. 그러나 늙는다는 건 결코 서글픈 일만은 아니라는 걸, 오래된 절집을 오르내리며 깨닫는다. 삽상한 바람도 쉬어가는지 풍경 소리가 점점 희미해진다.

* 제목 '잘 늙은 절'은 안도현의 '화암사, 내 사랑'에서 따옴.

천하제일의 요람
– 충북 보타낙가산 보살사

　당신은 홀연히 떠나셨다. 육신은 한 줌의 재가 되고 영혼은 자식의 안식처인 산사에 모셨다. 당신이 평소에 말씀하신 대로 행하고 가셨다. 화장터에서 어머님의 마지막 모습을 바라보며 반야심경의 한 구절이 절로 읊조려진다. '오온개공五蘊皆空', 오온五蘊이 모두 공空이다. 몸과 마음이 텅 빈 것으로 보라는 말씀이 이제야 가슴을 뒤흔든다. 당신의 부재에 정녕 인생의 덧없음을 깨닫는다.

　당신과 함께한 33년은 결코, 짧지 않은 세월이다. 오로지 자식만을 위하여 이승을 머물다가 간 당신. 하물며 돌아가실 때도 자식을 염려하여 사나흘 아프다 생을 마무리하셨다. 어머님과 나는 피를 나눈 분이 아니다. 하지만, 낳아주신 친정어머니보다 더 많은 세월을 함께한 분이다. 어머님은 내가 이 자리에 오기까지 자상하게 보살펴주신 분이다. 생전에 아들도 아닌 며느리의 품, '너의 품에서 돌아가고 싶다.'라는 말이 떠올라 더욱 애달프다.

　큰스님의 말씀에 의하면, 지금 당신이 계신 공간은 보타낙가

산(보타락가補陀洛伽/普陀落伽는 관음보살이 산다는 전설의 산으로 화엄경에서 선재동자가 관세음보살을 만난 산) 요람이다. 평소에 자주 다니는 청주 인근 가장 오래된 사찰 보살사이다. 주요 전각으로 아미타불을 모신 법당 극락보전과 죽은 이들의 극락왕생을 기원하는 곳이자, 지옥에서 고통받는 중생들을 구제하는 지장보살을 모신 법당 명부전이다. 산사 초입부터 고목이 무성하고 푸르다. 특히, 입구에 크고 작은 돌로 쌓은 석축과 명부전 뒤 고목이 버팀목처럼 우뚝 서서 오래된 사찰임을 알린다.

과거 낙가산 중턱에 큰 사찰이 자리했단다. 여느 사찰처럼 보존과 계승이 되지 못한 아쉬움이 큰 절집이다. 보살사의 내력은 여러 기록에서 찾을 수 있다. 사찰은 문헌과 유물로 볼 때 통일신라에 창건된 것으로 보인다. '한국사찰전서'에는 진흥왕 28년 건축 후에 여러 번 건물을 고쳤다는 기록과 인조 5년에 중수되었다는 '보살사 중수비'가 남아 있다. 현재 중수비는 흰 천으로 덮여 극락보전 아미타불을 마주하고 있다. 용 두 마리가 조각된 중수비가 대중에게 선보일 날을 기다린다. 도굴꾼이 가져가려고 했던 전통 문화유산이다. 보살사 중수비를 지켜낸 큰 스님의 이야기를 듣고 있으면 도둑놈의 행태가 참으로 기가 막힌다.

보살사에 가면 독특한 석조상이 있다. 극락보전에 모신 청주보살사석조이존병립여래상淸州菩薩寺石造二尊並立如來像(충북 유

청주 보살사 극락보전

청주 보살사 석조이존병립여래상

청주 보살사 중수비

형문화유산 제24호)은 1970년에 보살사 뒤쪽 경내에서 발견되었단다. 두 불상을 판석에 나란히 돋을새김한 모습이 특이하다. 하나의 광배光背에 두 불상의 조각은 흔히 『묘법연화경妙法蓮華經』 「견보탑품見寶塔品」에 나오는 석가불과 다보불, 두 부처의 만남을 묘사한 것으로 본다. 통일신라시대 석조 양식에 제작 시기는 고려시대를 추정하며, 국내 유일의 이불병립상이라고 할 수 있다. 어린아이 모습을 한 앳된 인상의 친근함이 느껴지는 석조상이다. 두 불상의 수인은 같으나 좌우대칭으로 바뀐 모습이다. 바깥쪽 손의 손바닥을 가슴 앞 옷깃 끝 선에 정면을 향한 시무외인施無畏印이고, 안쪽 손은 배 앞에 마치 허리띠를 잡은 듯한 손 모양으로 정교하다. 그리고 국가 문화유산으로 지정된 청주 보살사 영산회 괘불탱淸州 菩薩寺 靈山會 掛佛幀(조선시대, 보물 제1258호)은 조선 인조 27년(1649)에 경기도와 충청도 등지에서 활약한 신겸, 덕희, 경윤 등이 그렸단다. 그리고 사찰에서 조금 떨어진 곳에 선방과 법당이 딸린 보림선원이 자리한다.

산사에 찾아갈 이유가 하나 더 생겼다. 아담한 정취가 좋아 수시로 드나들던 공간이다. 무엇보다 천년 고찰에 머물렀던 선인의 숨결을 느끼고 싶어서다. 그렇게 수시로 드나들던 시공간에 당신이 머문다. 인간사 고통에서 벗어나 천하제일의 요람에 계신다고 생각하며 부재의 슬픔을 달래고 있다.

적묵전에서 바라본

화엄의 세계에 닿다
– 경북 문경 백화산 보현정사

　기억에는 경내 구석구석에 핀 꽃 무리뿐이다. 찬란하게 빛나는 청화쑥부쟁이에 매료되어 경배하듯 허리를 펼 줄을 몰랐다. 무엇보다 밀짚모자 아래 낯빛이 맑은 동그란 얼굴과 작은 체구에 스님의 모습이 잊히질 않는다. 정작 법당에 모신 주불이 어떤 분인지 정사의 법력은 알지 못하고 온갖 식물과 풍경에 취한 모습이다. 4년 전 선배가 꽃을 좋아하는 나와 어울리는 절집이라고 데려간 곳이 바로, 백화산 보현정사이다.

전국의 산사를 행선行禪하듯 돌아다녔는데 인연은 따로 있나 보다. 보현정사의 풍경이 좋아 철마다 지인을 데리고 오갔다. 봄에는 벚꽃과 수선화, 빨간 홍도화에 매혹되어 어지러울 정도이고. 여름이면 시원한 계곡물 소리를 따라 으아리와 인동초, 수국 등속이 향기롭다. 가을에는 앞 뒷산의 단풍이 붉고 곳곳에 가을꽃 무더기로 찬란한 곳이다. 여러 해 내가 본 보현정사는 꽃으로 장엄한 화엄花嚴의 세계이다. 그 곁에는 시도 때도 없이 꽃을 가꾸느라 애쓰시는 현공스님이 계신다.

사월 어느 봄날인가. 며칠 전부터 산사의 봄을 보고 싶어 한달음에 달려간다. 눈부처처럼 빼어난 절경이 들어앉은 산사. 적광전 댓돌에 앉아 느긋이 한 폭의 명작을 호젓이 누리고 싶어서다. 멀리 삼각산의 모습을 한 주흘산과 가까이에는 너와집이 옹기종기 앉은 선방과 스님의 거처가 그림 같이 펼쳐진다. 백 가지 꽃이 휘황한 백화산의 풍경이 그리워서다. 산사의 운치는 말로 형용할 수 없고, 다양한 품종의 꽃과 나무의 천국이 따로 없다. 그날도 스님은 대지와 한 몸인 양 잔뜩 구부려 풀을 뽑고 계신다. 풀을 뽑는 것조차 죄인 양 '천도재라도 지내야 할 것 같다.'라고 우스갯소리를 하시는데 그 말이 진심으로 들린다. 스님과 동안에 격조하였는데, 우리 부부를 알아보니 그저 반가울 뿐이다.

스님은 우주 만물을 화엄華嚴의 세계로 구축하는 분이다. 꽃구경만 하고 돌아가려는 미욱한 중생을 붙잡아 불교를 제대로

화초를 가꾸는 현공 스님

적묵전에 기대어 앉아

알게 한 분이다. 스님은 정녕 화엄花嚴이 아닌 화엄華嚴의 세계를 펼치시는 분이다. 다년간 전통 문화유산을 찾아 전국의 산사를 돌아다니며 글을 썼지만, 정작 불교에 관한 산 지식을 제대로 모른다. 한 시간여 밤길을 달려가 스님의 체험에서 우러난 강의를 듣고 자정이 넘어 귀가하길 삼 개월. 내 생애 참으로 생각지도 못한 진리를 탐구한 시간이다.

이제야 산사 곳곳에 놓인 물상들이 보인다. 큰 법당 적광전은 은행나무로 조각한 비로자나불을 주불로 모신 전각이다. 법당 내부 바닥은 한 장 한 장 구운 연화 문양의 기와로 보현정사의 상징무늬란다. 나무로 조각한 연창蓮窓 또한, 독특한 창문이다. 도량 곳곳에 놓인 외등과 솟대 하나에도 장인의 정신이 살아 숨 쉰다. 톺아보지 않으면 보지 못할 문화유산은 우리나라 최고의 장인이 빚은 작품들이다. 장인을 남다르게 여기고 그 쓰임을 아는 현공스님의 정신이 바로 살아있는 문화유산이다. 작은 토굴에서 현재의 보현정사까지는 스님의 열정이 빚은 노고의 산물이다.

지역마다 화엄花嚴의 세계를 원하는가. 꽃 축제가 벌어지고 있다. 현란한 꽃 무리로 사람들을 불러 모은다. 심지어 가파도에도 논과 밭을 갈아엎고 꽃을 심어 관광객을 부른다. 상점은 봄 한 철 장사에만 힘쓰고 나머지 계절은 더위로 문을 닫는단다. 비슷비슷한 꽃 축제가 과연 우리가 바라는 지역문화일까. 아마

청량한 계곡 물소리 뒤따라오네

도 아닐 것이다. 신성한 노동의 업으로 우리의 몸을 살리는 일이 먼저이리라. 꽃도 나무도 있어야 할 자리가 있다. 절집의 사계절 꽃처럼 자연미가 있어야 바라보기에도 편안하다.

무지렁이 중생은 두 세계에 경계가 없다. 화엄花嚴의 세계는 꽃이 있어 좋고 화엄華嚴의 진리의 세계는 심오하여 좋다. 상현달과 별이 총총히 뜬 보현에서 도반과 진리를 탐구하며 화엄의 세계에 닿는다. 별(순수 의식)에서 마음이 멀어지면 욕망을 따라가느라 고행할 수밖에 없다. '이른 새벽에 홀로 앉아 향을 사르고 산창에 스며드는 달빛을 볼 줄 아는 이라면 굳이 불경을 아니 배워도 좋다'는 적광전 옆에 적힌 글귀를 다시금 읊조리는 청아한 달밤이다.

보현정사 야경

2

사유의 방에서

사유의 방에서 은자의처소에서 스럴수도있
자연이 낳은 미학 산사에서 절집에서
은자의처소에서 등 돌리면 은자의수
산사가 보면 압니다 이내 그리운절터있
산사

내소사 꽃문살

유의 방에서 은자의 처소에서 스릴 수도 있어
品이 낮은 미학 산사에서 절집 헤서 스릴
자의 처소에서 등 돌리면 은자의 수도
ㄴ사,가 보면 압니다. 이내 그리운 절터 있어
산사 있

성혈사 나한전

성혈사 나한전 연지 문살

물고기를 입에 문 물총새

연지에 부리 박은 백로

구품연지, 장엄한 무문

 전각은 담녹색 후광으로 쇠리쇠리하다. 부처의 세계임을 암시하는 듯 찬란하다. 드디어 고대하던 구품연지에 든 것이다. 전각 처마와 배흘림기둥은 오색단청을 칠한 지 얼마 되지 않은 듯싶다. 그래선지 빛깔이 퇴색한 문살이 돋보인다. 문살의 고아한 풍취와 정취가 그윽하다. 채색하지 않은 나뭇결이 고스란히 드러난 지 오래된 문살을 볼 수 있어 다행이다. 성혈사 나한전(보물 제832호) 문살은 마치 먼 거리에서 달려온 중생을 기다린 듯 반긴다.

 책 속의 어간문을 보고자 새벽부터 차를 몰아 경북 영주시 순흥면에 닿는다. 소백산 기슭, 뱀 꼬리처럼 굽이진 산길을 휘돌아 오른 외진 산골이다. 차 안에서 일주문이 보여 예의를 갖춰 산문에 들고자 걸어간다. 개망초 꽃 무리가 흐드러진 걸 보니 산사에 사람들의 출입이 드문가 보다. 여러 생각에 잠겨 사찰에 당도하니 경사가 꽤 높은 가풀막진 계단 앞이다. 계단을 마치 백팔배를 올리듯 몸을 잔뜩 수그려 한 걸음 한 걸음 올라가야만 한다. 속인이 극락으로 가는 길은 쉽지 않다는 걸 예고하는 성싶다.

　성혈사 나한을 모신 전각의 문살은 국내에서 보기 드문 통판 투조꽃살문이다. 오래된 사찰을 찾아다니며 문살을 눈여겨본 세월이 여러 해이다. 대상에 관심이 높아지니 책 속에서도 보물을 건진다. 일반 사람은 정원에 땅을 파서 연꽃을 피우고 물고기와 새, 동물을 불러들인다. 궁궐이나 사찰에선 대지의 여유가 없으면, 각종 석조물과 전각 그 어딘가에 연지를 구성한다. 범인은 생각지도 못한 공간에 새긴 문살의 연지를 보고자 달려간 것이다.

　예전에는 불상과 불탑 못지않게 연지도 사찰 구성에 필수 장치였다. 일주문에 들어 숲을 지나면, 연화교나 연못이 보이고 그 공간을 건너야 비로소 법당 마당에 당도한다. 기억에 인상적으로 남은 연지는 충남 서산 개심사다. 벚꽃이 유명한 사찰이라 향기로운 꽃을 쫓으면, 연지는 그냥 스치고 말일이다. 직사각형 못 위에 놓인 외나무다리를 발견하였다면, 다리 위에 서 보자. 못물에 잘 늙은 배롱나무 가지와 자신의 모습이 어룽지리라. 그렇게 다리를 조심스레 건너면, 대웅전으로 오르는 높은 계단이 보인다. 연지는 못을 경계로 인간이 살아가는 속계로부터 부처가 머무는 극락정토인 법계에 들어섰음을 알려주는 상징물이다.

　불교 경전 『관무량수경觀無量壽經』에 '극락정토에는 연꽃이 피어 있는 큰 연못이 있다. 물은 맑고 깨끗하여 바닥이 들여다보이고, 꽃들은 황금빛으로 빛난다.' 그렇기에 인간은 더러운 진흙 속에서 피어나도 더러움에 물들지 않고 맑고 향기로운 꽃을 피우는 연꽃처럼 처염상정處染常淨이길 원한다. , 인간이 이 세상에 어머니의 자궁에서 태어나듯 극락왕생은 연꽃을 자궁 삼아 연꽃 위로 태어난다. 바로 연화화생蓮華化生이다. 그 길은 이승에서 쌓은 공덕에 따라 아홉 등급, 구품九品으로 나눠 단계에 따라 연못의 자리를 받아 연대에 앉게 된다. 이 연못을 구품연지九品蓮池 혹은 연지蓮池라 부른다. 극락은 반드시 구품연지를 건너 도달하게 된단다. 심청이가 인당수에 몸을 던져 연꽃에서 다시 태어나는 이야기도 불교의 연화화생을 빌려온 것이다. 이 모두가 극락왕생을 꿈꾸는 인간의 이상향이다.

인간의 무궁한 소망은 무에서 유를 창조한다. 문살에 드넓은 연지를 꾸밀 생각과 그 생각을 문살에 거침없이 실현한 장인이 궁금하다. 아마도 남모르는 인내심으로 분투하였으리라. 문살에 연꽃이나 모란, 국화와 매화의 새김은 보았어도 백로와 물총새, 물고기와 개구리, 심지어 게가 겁도 없이 물고기를 향하여 기어가는 해학적 모습의 문살은 처음이다. 또한, 동자승이 긴 꽃대를 손에 쥔 형상은 탱화 속 부처 염화시중의 모습이다. 여하튼 무시로 드나드는 문짝에 연지 형상을 새기다니 정녕코 남다르다.

용의 심장이라는 경북 예천의 용문사 대장전에도 독특한 연지 문살이 있다. 대장전은 불경을 소장하는 전각으로 눈여겨

볼 대상은 바로 윤장대(보물 제684호) 문살이다. 윤장대는 그 안에 경전을 넣어두고 한 차례 돌리면, 경전을 읽은 것처럼 업장을 소멸하고 공덕을 쌓을 수 있다는 전경신앙轉經信仰의 유물이다. 윤장대 팔각 문살에 빗살과 갖가지 기화요초琪花瑤草, 그중 하나가 연지이다.

윤장대 연지는 성혈사 나한전 문살보다 녹색이 많이 남아 있다. 오색단청이 오래되면, 마지막에 남는 색이 녹색이다. 부처의 세계를 의미하는 녹색은 석록이라 하여 제일 귀한 색으로 친다. 이곳 연지는 마치 '향기로운 꽃의 파도를 물결치며 바람의 배가 지나가는 것' 같은 풍경이다. 연꽃의 봉오리부터 활짝 핀 연꽃, 바람의 흔들림에 따른 연잎의 갖가지 표정이 세세하

용문사 대장전 윤장대

윤장대 팔각 문살 중 연지

다. 문살 아래쪽 연지에선 물고기가 꼬리를 치며 유영하는 몸짓이 생동감 넘친다. 화려함과 소탈한 멋을 동시에 풍기는 문살은 한국적 아름다움의 극치를 보여준다. 연밭의 풍경을 한 폭의 민화처럼 투조한 소중한 문화유산이다.

두 곳의 독특한 연지 문살은 거룩하고 장엄한 무문無門이다. 문살의 연지는 특정 종교의 예술 가치를 뛰어넘어 우리 민족의 뛰어난 문화유산이다. 백로가 목을 길게 늘어뜨린 채 먹이를 찾는 모습이나 물총새가 연잎에 부리를 대고 있는 형상은 사실적이다. 어쩌면, 목수 자신이 다시 태어날 극락정토, 연지를 새겼는지도 모르리라. 통판에 납작 엎드려 연지에 앉힐 구성물을 고민하고, 밤낮없이 문살을 만들었을 장인의 예술정신을 칭송한다.

연지에 삽상한 바람이 부는가. 연잎이 모로 돌아눕듯 제 몸을 포개고, 물속에 부리를 박고 있던 백로가 고개를 쳐든다. 바람결에 스치는 연잎 소리에 물고기와 물총새도 수런거린다. 연꽃을 든 동자승이 염화시중의 미소를 짓는다. 어디에서 이토록 평화로운 풍경을 볼 수 있으랴. 극락이 있다면 바로 이런 광경이리라.

깊은 묵언에 잠긴 수마노탑
- 강원도 정선군 태백산 정암사

묵언에 잠긴 탑이다. 바람이 부는데 탑 귀퉁이마다 달린 풍경이 울지 않는다. 정녕 소리를 잊은 것인가. 지상이 어지러우니 전능하신 신도 할 말을 잃었는지도 모른다. 그나마 다행인가. 허허로운 빈산에 연등이 봄꽃처럼 화려하게 피어 있다. 새싹도 올라오지 않은 빈산에 연꽃이 벙글어 적막감을 달래주나, 평생 스러지지 않을 연꽃이라고 생각하니 서글픔이 인다. 여기에서 질주하는 사유를 멈춰야 한다는 걸 알지만, 그것도 내 마음대로 되지 않는다.

내 고장 말티재처럼 꼬부랑 길을 돌고 돈다. 끝이 보이지 않는 산길을 돌아 막다른 곳에 다다르니 태백산 정암사다. 산사의 전각을 제쳐두고 탑을 품은 산으로 오른다. 태백산은 그 자체로도 신기로운 산이 아니던가. 어느 해인가 온몸을 찬바람이 스며들지 않도록 꽁꽁 싸매고 상고대를 보러 산에 오른 적이 있다. 정상에서 본 상고대는 과히 환상적이었다. 나뭇가지에 달라붙은 하얀 서릿발은 감히 흉내 낼 수 없는 신이 내린 선물이었다. 인간이 범접할 수 없는 산이라는 걸 그날 온몸으로 느껐다. 그런데 내가 머물렀던 산에 부처님의 진신사리를 모신 성지가 있다는 걸 전혀 몰랐다. 정녕 그즈음 나의 삶은 아무 생각도 없이 이승에 머무는 날 것 그대로의 삶이었다.

 산사 계곡은 아직도 그늘에는 얼음이 지천이다. 하지만, 봄을 알리는 계곡물 소리는 묵은 귀를 씻듯 청량감이 넘친다. 계곡을 건너는 이 다리가 바로 마음을 씻고 건너는 연화교인가 보다. 책장을 넘기다 발견한 7층 탑은 예사롭지 않다. 모전석탑 계열 흔히 볼 수 없는 수마노탑(국보 제332호) 사진에 매료되었다. 경주에서 본 분황사 모전석탑(국보 제30호)이 그리워 찾아보기도 하였다. 무엇보다 깊은 산골 안갯속에 서 있는 탑의 모습이 궁금하여 새벽에 홀연히 달려온 것이다.

 강원도 정선의 대낮은 마치 잠든 도시만 같다. 사북과 고한으로 가는 길은 인적 없이 너무나 조용하다. 새싹이 마구 솟아오르는 중부지방과는 다르게 이곳은 산과 집들의 색이 무채색에 가까울 정도이다. 도시를 낮에만 보았으니 밤의 풍경은 다르리라 본다. 아마도 카지노라는 선입견 탓도 있으리라. 그래선가 사찰 정암사만이 온기가 느껴지는 듯하다. 도박 촌으로 변한 탄광촌에서 멀지 않은 곳에 청정한 적멸보궁이 자리한다는 것이 기이할 정도이다. 아마도 신은 정선이란 도시가 지금의 모습으로 변모할지 알고 수마노탑을 산 중턱에 세웠는지도 모른다. 도박에 목숨을 건 사람, 한탕주의에 빠져 정선 카지노를 내 집처럼 드나드는 사람, 신은 가정을 버린 사람을 구제하고자 산

정암사 일주문

수마노탑과 연등

중에서 끝없이 묵언 수행 중이리라. 아니 이제는 중생의 부질없는 욕망과 행위에 할 말을 잊었는지도 모른다.

 우리나라 5대 적멸보궁은 경상도 양산 통도사와 강원도에 4곳, 평창 상원사와 인제 봉정암, 영월 법흥사와 정선 정암사에 자리한다. 태백산 정암사는 신라 선덕여왕(645년)때 자장율사가 당나라 오대산에서 문수보살로부터 석가모니의 진신사리를 받아 귀국하여 창건한 유서 깊은 사찰이다. 두 시간을 넘게 달려와 산사 일주문에서 탄허 스님의 필체를 먼저 마주한다. 부처님 오신 날이 다가와 사찰에 연등을 달고 싶은데, 현재는 연등을 달 공간이 없어 두 달은 기다려야 한단다. 수많은 중생의 염원이 깃든 곳임을 다시금 깨닫는다. 태백산 수마노탑에 오르고자 새벽에 달려온 사람들이 많은가 보다. 아니 진즉에 탑돌이를 하고 다녀간 사람들이 많다는 소리이다.
 백팔 계단을 기도하는 마음으로 한 걸음 한 걸음 오르니 탑의 전신이 나타난다. 한 기의 탑만 간신히 들어앉은 비좁은 공간, 이곳에서 정암사가 앉은 품새가 한눈에 들어온다. 먼저 온 뭇사람들이 두 손을 가슴에 모으고 빠르게 탑 주위를 돌고 있다. 신께 무언가를 간구하는 중이다. 그렇게 수십 회 탑 주위를 돌고는 총총히 산을 내려가 삶터로 돌아가리라. 그들이 일상으로 회귀하는 마음은 아니 발길은 정녕코 가볍지 않으랴.
 적멸보궁에는 불상이 없다. 정암사도 수마노탑이 법당에 모신

정암사 수마노탑(국보 제332호)

부처님을 대신하는 격이다. "부처님의 유골인 사리와 승려의 법의인 가사 등의 성물"을 받아 세운 탑이니 진귀하리라. "자장의 계율 정신을 계승하여 고려시대까지 계율을 연구하는 전통이 유지된다. 또한, 자장이 모신 부처님 사리와 수마노탑을 건립하여 오늘날까지 오대산 중대와 통도사, 법흥사와 더불어 한국 불교를 대표하는 최고의 기도처이자 성지로 자리매김하고 있다."

고려시대 축조된 수마노탑은 종교를 떠나서도 전통문화의 결을 잇는 문화유산이다. 탑은 마치 벽돌을 한 장 한 장 쌓아 올린 듯하다. 멋을 내지 않은 듯하면서 담백한 맛이 있다. 『정암사적기』에 신라의 승려인 자장이 당나라에서 귀국할 때 용왕이 마노석 조각을 주며 탑을 세울 것을 부탁한 것이 유래로 전해진다. 마노란 석영에 속하는 보석을 가리키며, 건립의 출처가 용궁이라는 물(水)에서 나왔다고 하여 '수마노'라는 명칭이 붙었다고 한다.

그리 보면, '수마노탑은 용궁에서 나온 푸른 마노석의 불탑'이다. 탑의 암석은 유래와는 다르게 일반 석탑에 비해 견고성이 떨어져 여러 차례 보수한 것으로 알고 있다. 수마노탑이 오랜 세월 자리한 것만으로도 신기할 정도이다. 많은 사람의 염원으로 쌓은 탑이라 쓰러질 일 없으리라. 이 또한 중생의 과한 욕심인가. "사랑하라. 그러나 언젠가는 그 모든 것들을 떨쳐버리고 가야 한다는 것을 잊지 말아라. 모든 구름을 넘어서 가야 한다."라는 『금강경』의 글귀를 읊조리며 가벼운 마음으로 산문을 나선다.

보배로운 탑이 있는 시공간
– 충북 진천군 보련산 보탑사

  충북 진천을 물으면 눈앞에 그려지는 물상이 여럿이다. 그중에 천년의 역사를 지닌 농다리와 경주 황룡사 9층 목탑의 양식을 재현한 보탑이다. 지인은 문학기행으로 진천을 답사하길 원한다. 청주문화원의 큰 행사를 앞두고 있어 부담도 되었지만, 내 고장을 찾는 문인을 위하여 하루를 온전히 비운다. 시간별 답사 일정을 적어 보내며 내 고장 홍보 대사로 나설 요량이다. 수십 명의 문인이 우리 고장을 방문한다는 것만으로도 친근감이 드니 어쩌랴.

  우리나라 탑의 주류는 석탑이다. 우리나라에 불교가 들어오고 4세기에서 6세기까지 누각 형식 다층 목탑이 지어졌다고 한다. 가장 대표적인 목탑이 경주 황룡사 9층 목탑이었으나 몽골 침입으로 불타서 사라졌다. 이처럼 외세 침략과 전쟁 등 역사적인 환경과 보존 자원 그리고 지리적 여건이 목탑의 수명을 좌우했으리라 본다. 지금 남은 목탑 형식의 건축으로는 전남 화순 쌍봉사 대웅전과 충북 보은 법주사 팔상전 그리고 보탑사를 들 수 있다. 우리나라에서 흔하게 볼 수 없는 목탑이기에 소중한 문화재이다. 대한민국에 두 발로 오를 수 있는 탑이 어디에 있으랴. 보탑사는 녹음 속에 진리를 상징하는 연꽃의 수술처럼 자리한다. 탑에 올라가 3층에서 창밖을 바라보면, 보련산 정경에 매료되리라.

보련산 보탑사는 천년 고찰도 아니고 전통 사찰의 모습도 아니다. 내가 본 초기의 보탑사는 단출한 구조였다. 한 자리에서 지켜보았을 300년 묵은 느티나무는 기억하리라. 초입에 일주문 격인 천왕문 없이 거대한 탑이 한눈에 든 시절이 있다. 대부분 사찰의 구조상 우화루 지나 석탑이 보이면 바로 큰 법당이 나타난다. 하지만, 보탑사는 남다르다. 거대한 탑 그 자체가 바로 대웅전이자 탑이다. 탑 속에는 부처님의 진신사리와 옷가지, 불경, 염원이 깃든 불비상 등을 품고 있어 부처님의 묘지나 다름없다. 그래선가 오래된 탑 앞에 서면, 저절로 두 손을 모으고 경배도 하고 탑돌이를 하는지도 모른다.

한국의 고대 미술을 대표하는 불교 미술을 꼽으라면, 탑파塔婆와 불상이리라. 탑의 전형을 한곳에서 볼 수 있는 공간이 바로 보탑사이다. 목탑과 전탑, 석탑이 자리한다. 보탑사는 삼국시대 전통 건축의 맥을 잇는 삼 층 목탑이다. 백팔번뇌의 의미를 담아 쌓은 탑은 아파트 14층과 맞먹는 높이로 42.7미터에 달한다. 3년에 걸쳐 보탑사를 완성한 대목장은 천년을 장담하였단다. 탑에 금속 못을 하나도 쓰지 않고, 목재를 하나하나

충북 진천 보탑사 삼층목탑

보탑사 경내 진천 연곡리 석비
(보물 제404호)

보탑사 앞 느티나무(보호수 수령 327년)

끼워 맞춘 탑이다. 1층은 대웅전 격인 사방불전을 봉안하고, 2층은 윤장대를 설치하고, 3층은 미륵 삼존불을 봉안하였다. 2층과 3층의 사이에 목탑의 연원을 볼 수 있는 사진전도 그냥 스치면 아쉬우리라.

더불어 전탑 뒤편에 희귀한 백비를 놓치고 가면 서운하리라. 고려시대 석비인 진천 연곡리 석비(보물 제404호)에는 비문이 없다. 비석에 문자가 없어 더욱 상상력이 발동하는 비석이다. 그리고 남다른 부분이 받침돌이다. 거북이나 용머리를 새기는 것이 대부분인데 백비는 말馬머리 형상에 가깝다. 그 외에 장수왕릉을 재현한 지장전과 너와 지붕을 얹은 귀틀집 형식의 산신각. 특히, 부처님의 열반상을 모신 법당인 적조전에 거구의 와불을 돌아보길 권한다. 부처님의 발바닥은 곧 진리를 전하는 표상이다. 발바닥에 새긴 다양한 무늬 중 수레바퀴를 바라보며, 우리네 삶도 돌고 돈다는 걸 느끼리라. 수레바퀴의 바퀴살이 사방으로 뻗어 나가듯 부처님은 불법을 말씀만이 아닌 두 발로 걸어가 중생을 제도한 것이다. 깨달음은 이렇듯 말이 아니라 행동으로 증명된다는 걸 불족도 앞에서 깨우친다. 지금 보탑사에는 과꽃과 코스모스가 너울거리리라. 비구니의 수행처라 여성의 섬세한 숨결과 손길이 살아있는 산사이다. 계절마다 다양한 꽃이 알록달록 피어 꽃을 보러 오는 분이 많다. 가을날 여유롭게 탑돌이 하듯 경내를 돌아도 좋으리라.

사유의 방에서
- 두 점의 금동반가사유상

 두 분 뵙기를 얼마나 고대하였던가. 인터넷상에서 눈 빗질하며 사유의 방에 드나들길 여러 날이다. 두 작품을 한자리에서 톺아보는 기회가 언제 또 주어지랴. 매일 이런 질문이 뇌리를 맴돌다 내처 국립중앙박물관으로 발길을 이끈 것이다. 무엇보다 반가사유상을 모신 '사유의 방'이란 타이틀이 마음에 들어서다. 사유의 공간에 털썩 주저앉아 명상에 들어도 좋겠다는 생각뿐이다.

 나의 기대는 역시 어긋나지 않는다. 들어가는 입구부터 오묘한 기운이 흐른다. 눈앞에 흐르는 영상이 이방인의 시선을 단번에 부여잡는다. 마치 1,400여 년 전 시공간으로 이끄는 듯하다. 두 분의 미륵보살이 자리한 공간의 천장에는 샛별이 총총 박혀 금방이라도 쏟아질 듯하다. 옹기종기 모인 관람객은 검은 그림자로 현현하고, 마치 저물녘 노을 속에 머무는 듯 착각을 일으킨다. 건축가의 남다른 공간 연출로 반가사유상의 예술적 가치를 더욱 돋보이게 한다. 어두운 밀실 같은 사유의 공간, 고요한 이 공간을 설계한 건축가의 마음이 느껴지는 순간이다. 이제는 국가민속문화유산 전시도, 개인의 작품 전시도 종합예술로 거듭나고 있다는 걸 확인한다.

반가사유상은 아쉽게도 관람객에 휩싸여 보이지 않는다. 사람들의 틈을 비집고 들어가야만 볼 수 있는 상황이다. 조금 전에 보았던 벽면에 놓인 작은 의자를 가져다가 사람들의 뒤편에 놓는다. 서슴없이 신발을 벗고 그 위로 올라선다. 과감한 돌출 행동을 나무라도 어쩔 수가 없다. 한 장의 사진이라도 담고 싶은 의지의 발현을 이해해 주기만을 바랄 뿐이다. 뭇사람도 어느 정도 사라지고 서서히 두 분 앞에 나아가 두루 톺아볼 차례이다.

두 점의 금동반가사유상(국보 제78호, 제83호)을 알현하는 감격의 순간이다. 시공간을 초월하여 두 분과의 만남이 감동이다. 가슴에 두 손을 모으고 합장하듯 온 마음으로 예를 갖춘다. 나란히 전시된 국보 두 점은 드넓은 공간 탓인지 상대적으로 작아 보이는 느낌도 없지 않다.

국보 제78호, 제83호 간극의 차이가 자그마치 50년 세월이란다. 겉모습에서 화려함과 단순함으로 대비되는 듯하다. 국보 제78호 금동반가사유상 앞에 서서 나만의 생각에 든다. 보관을 쓴 머리에서 화려한 옷매무새로 훑고 내려오니 호탕하게 웃음 짓는 신라인의 모습이 그려진다. 젊은 혈기가 넘치는 남성이 말을 타고 달리는 말발굽 소리도 들리는 듯하다. 정확한 제작 시

금동반가사유상
(국보 제78호)

금동반가사유상
(국보 제83호)

기가 모호하지만, 삼국시대는 여성과 남성의 차별도 없었던 시대이다. 민족사에 최초의 여왕인 신라의 선덕여왕도 그려지고, 삼국통일의 기초를 닦았던 김춘수와 김유신 같은 뛰어난 인재도 떠오른다. 시대적 기운이 만들어낸 미륵보살이 아닐까 싶다. 이원복 교수의 말씀대로 화랑의 맑은 기운이 느껴지는 국보다.

반면에 국보 제83호는 단순미의 극치를 보여주는 금동반가사유상이다. 소박, 단순, 우아한 조형으로 고대 불교 조각의 백미白眉로 꼽힌다. '입가에 머금은 생기 있는 미소, 살아 숨 쉬는 듯한 얼굴 표정, 부드럽고 유려한 옷 주름, 상체와 하체의 완벽한 조화, 손과 발의 섬세하고 미묘한 움직임 등, 이 모든 것이 이상적으로 표현되었다.'라고 말한다. 참으로 반가사유상의 표정이 모호하다. 오죽하면, 최순우(1916~1984) 전 국립중앙박물관장은 '인자스럽다, 슬프다, 너그럽다, 슬기롭다는 어휘들이 하나의 화음을 빚어내는 듯하다.'라고 적었으랴. 표정 하나로 문장가들에게 다양한 함유의 언어를 남기는 예술 작품이 틀림없다.

반가사유상의 전신이 궁금하여 인터넷 검색창에서 불러온 정보는 무수하다. 인터넷이 없던 시절에는 교과서 속 흑백 사진 정도이다. 정보가 빈약한 시절을 떠올리면, 그나마 다행인가. 박물관을 다녀온 관람객의 후기가 자연스럽게 문화유산 홍보가 되고, 삶의 기록유산으로 남으리라. 현재는 안목이 높은 사람

사유의 방에 전시된 두 점의 금동반가사유상

의 작품 해설과 명문장가에 수려한 언어와 사진까지 다양하다. 각설하고 반가사유상을 직접 본다면, 생각은 달라지리라. 감상평은 그 어떤 형용사 부사의 치장과 언어의 부림에도 빈약하다고.

  반가사유상이 전 세계인의 공감을 받는 이유는 '사유'라는 인간의 본질을 담고 있어서다. 요즘 세상은 정녕 사유가 필요한 시대이다. 뉴스 매체를 보고 싶지 않을 정도이다. 말, 말, 말이 난무한다. 함부로 내뱉은 말이 나돌아 타인의 가슴에 상처를 주고 죽음으로까지 내모는 세상이다. 이런 시대에 꼭 필요한 생각이란 걸 조금이나마 하고 살아야 함을 보여주는 '반가사유상'과 '사유의 방'이 아닌가 싶다. 박물관의 작품 전시가 아니라도 나만의 사유의 방이 필요하다. 천 년이 넘도록 보여준 반가사유상의 근엄한 침묵까지는 아니더라도, 두 분의 모습처럼 사유에 들길 원한다. 아주 조금만 마음의 여유를 가진다면, 황망한 사태를 빚어지지 않으리라.

  나만의 아늑한 사유의 방을 그려본다. 아니 예전에 반가사유상이 머물렀을 법한 시공간, 바람이 소슬한 대나무가 서걱거리는 작은 절집을 상상한다. 세월이 흐르며 타인의 지독한 배려에 미륵보살도 떠돌게 되었으리라. 어디 보살뿐이랴. 우리네 삶도 디아스포라, 나의 의지대로 흘러가는 것이 얼마나 되랴. 유랑 속에서 예나 지금이나 변함없는 모습은 반가사유상의 오묘한 표정이다. 슬기롭고 너그러운 표정을 자신의 얼굴에 그려보길 간구한다. 미륵보살은 내 마음에 계시니 두 분의 모습처럼 '두루 헤아리며 깊은 생각에 잠기는 시간'에 들길 원한다.

마이산 천지탑

신운이 감도는 돌탑
– 진안 마이산 탑사

 골짜기로 들어설수록 두 봉우리가 낙타 등의 쌍봉처럼 쫑긋하다. 두 개의 암봉은 숫마이봉(681.1m)과 암마이봉(687.4m). 마주하는 암벽은 약 1억 년 전 중생대 백악기 동안 형성된 지질이다. 눈앞에 거대한 암벽이 지각변동으로 퇴적층이 암석화된 후 융기한 것이라니 두렵기도 하다. 지금도 땅속 어딘가에선 바위가 부딪고 틈이 생기는 변화가 일고 있단다. 암벽에 군데군데 뚫린 구멍이 그 증거라니 입이 절로 벌어진다. 산의 지명은 신라

시대에는 서다산, 고려시대는 용출산, 조선 시대에는 태종이 산의 모양이 말의 귀와 같다 하여 마이산馬耳山이란 이름을 내려 그렇게 불리고 있다.

발을 딛고 서 있는 지상이 평균 해발 300미터가 넘는 고지. 일부 지역은 해발 500미터 이상으로 고산 지형에 속한다. 전북 진안의 역사와 문화 해설을 듣고 있자니 다른 나라에 온 듯 생소하다. 평지처럼 느껴지는 산길은 해발 고도가 높아 선선하다. 하지만, 겨울에는 한파와 눈이 자주 내려 매우 춥다고 한다. 진안군 인구는 면적 대비하여 약 2만 3천 명이라니 도시가 쾌적한 환경일 수밖에 없다. 진안이 호남의 알프스라고 불리는 데가 여기에 있다. 마이산 중턱에 작은 움막을 짓고 호젓이 암봉을 바라보며 신선처럼 머물고 싶다는 생각을 잠시 해본다.

마이산은 사람이 쌓은 신비스러운 돌탑으로 유명하다. 돌탑을 보고자 전국에서 수많은 관광객이 찾아드는 진안이다. 암벽과 바위, 주위에 돌 천지이니 108기 돌탑을 세울 수도 있었으리라. 하지만, 한 사람이 이렇게 많은 돌탑을 쌓았다고 하니 놀랍지 않은가. 돌탑은 사람들의 거친 손길에 아쉽게도 80여 기가 남아 있단다. 정녕 돌탑은 마이산(국가지정문화재 명승 제12호)을 마이산답게 거듭나게 한 문화유산이다.

돌탑에서 신운神韻이 감돈다. 탑 앞에서 보암보암으로 무슨 말인가 하려다 멈춘다. 각각의 돌탑은 크기와 모양이 다르다. 특별한 접착제 없이 자연석을 쌓아 올리려면 돌의 모형을 맞추

탑사에서 바라본 풍경

고 각도 등에 심혈을 기울였으리라. 깊은 신앙심이 없다며 돌탑을 이렇듯 정교하게 쌓을 수도 없었으리라. 그의 정성과 염원에 강풍과 폭우도 비껴가지 않았으랴. 이갑용(1860~1957) 처사가 산속에서 혼자 돌탑을 쌓으며 수행자로 지냈다고 전해진다. 현재 그는 존재하지 않는다. 정녕 그림자만 쫓다 나뭇가지에 걸린 작가의 뜻을 지나치는 경우가 허다하지 않은가. 눈에 보이는 돌탑에서 심오한 뜻을 헤아리지 못하니 영양괘각羚羊掛角이 아닐 수 없다. 돌탑 앞에서 고개만 절로 숙여질 뿐이다.

여느 산사든 작은 돌탑은 있다. 하지만, 마이산처럼 거대하고 정교한 돌탑은 찾아볼 수 없으리라. 그가 깊은 산골로 들어간 시기가 일제강점기로 추정된다. 아마도 침략자의 짓거리가 보기 싫어 산속에 숨어 사는 은자로 남길 원했으리라. 추측이 맞는다면, 울분을 삭이며 돌을 한 개씩 올렸으리라. 탑에 하나의 돌을 올릴 때 각자의 염원을 빌며 가장 낮은 자세가 되지 않던가. 그의 울분이 돌탑에 녹아들어 견고해질 수밖에 없었으리라.

마이산은 탑사에서 바라보는 비경이 제일이다. 탑사를 향하는 길은 세속의 길을 지우라는 듯 백팔 계단을 한 걸음씩 올라야만 한다. 등골에서 흐르는 땀을 식히고자 허리를 펼 즈음 전각 앞에 닿는다. 탑사에서 바라본 풍광은 발아래 수려하게 펼쳐지리라. 협곡 아래 솟아오른 돌탑군도 비장하고, 암벽에 붙은 전각은 더없이 고아하게 다가온다. 잠시 풍경 속에서 주객일체

마이산

主客一體 물심일여物心一如이다. '아무런 감각의 혼란도 없고, 심정의 고갈도 없고, 다만 무한한 풍부 유열愉悅과 평화가' 있다는 이양하의 〈신록예찬〉 글귀처럼 심신이 자유롭다.

마이산은 진안으로 많은 사람을 불러들인다. 수려한 자연의 돌탑 자원은 후인에게 돌아가고 있다. 전국 산사에 돌탑은 많지만, 마이산의 돌탑은 그만의 남다른 아우라가 느껴진다. 돌탑에 감도는 숨결과 암묵적 언어를 어찌 말로 다 형용하랴. 삶은 문화이다. 삶에 어떤 문화를 담느냐에 따라 세상은 달라지리라. 처사는 그만의 독특한 삶의 문화를 남기고 떠났다. 부디 돌탑이 오래 보존되어 후인에게 풍요로운 이야깃거리가 되었으면 한다.

지지 않는 꽃, 꽃문살
– 전북 내소사 대웅보전

 사철 꽃 사태가 이는 절집이 있다. 꽃비가 그리우면 내소사로 가자. 절집에 들어서면, 육안이 아닌 마음의 눈으로 절집 안팎을 바라보길 원한다. 눈앞에 보이는 꽃이 전부가 아니다. 영원히 스러지지 않는 꽃이 문살에 돋아 있고, 오래 묵은 천정에도 빛깔 고운 꽃이 활짝 피어 꽃비가 되어 내린다. 법당엔 사계절 꽃이 피어 향기롭다.

 내소사는 꽃 천지이다. 꽃이 보이지 않는 삼월 초지만, 머지 않아 산수유와 매화나무, 벚나무의 꽃봉오리를 피우리라. 그러면, 사람들은 이름난 절집에 핀 봄꽃을 보고자 멀리서도 벌떼처럼 몰려들리라. 그 시기엔 사찰 경내를 한유하게 거닌다는 건 상상조차 못 할 일이다. 아무튼 법당에 사철 지지 않는 꽃이 피어 있고, 사찰 주변에 사계절 꽃이 피어나니 꽃 천지가 아니고 무엇이랴.

 지난해 '꽃문살'을 보러 왔다가 감흥 없이 돌아간 날이 떠오른다. 그날은 깊은 사유는 물론이고, 사진 담기도 어려운 지경이었다. 법당 앞에서 사람들에게 밀려나 떠돌던 기억밖에 없다.

꽃문살을 톺아보는 어른과 아이

내소사 꽃문살

이번엔 문살을 제대로 보리라 마음먹고 내소사를 방문한 것이다. 연화교를 지나 벚나무를 만나고 사천왕문을 넘어 품 넓은 당산나무와 마주한다. 법당에 이르기까지 꽃잎 한 장도 보이지 않는다. 그래선지 오래 묵은 사찰이 먼저 시선에 들어온다.

 내소사는 1,400여 년 역사의 목조건물로 한국의 내로라하는 문화유산이다. 특히 대웅보전 꽃문살을 보러 많은 사람이 일부러 찾아든다. 아름다운 팔작지붕 대웅보전(보물 제291호)은 못 하나 쓰지 않은 오로지 나무로만 깎아 끼워 맞춘 조선 중기 대표적 건축물이다. 특히, 정면 창호를 수놓은 꽃문살이 두 짝, 네 짝, 두 짝 합하여 여섯 짝이다. 문살에 피어난 해바라기꽃, 연꽃, 국화꽃 등 문마다 다른 꽃무늬에 절로 감탄사가 흐른다.

 정교함의 극치를 보여주는 아름다움이다. 조각가의 성정과 손끝이 섬세하지 않으면, 탄생하지 못할 꽃문살이다. 문살에 새긴 꽃을 종교의식 차원이라고 말하기엔 아쉬움이 있다. 나무 꽃을 따라가다 보면, 전설 속 목수가 꽃송이 하나하나에 얼마나 많은 공을 들였는지 엿볼 수 있다. 법당 안 천정에 단청한 꽃을 바라보며 더욱 그런 생각이 든다. 문살 꽃도 천정의 꽃처럼 빛깔이 고왔으리라. 법당 안과 밖을 화려한 꽃으로 부처님 전에 공양한 것인가. 무엇보다 심신이 고단한 중생의 마음을 지지 않는 꽃으로 어루만져 주었을 것만 같다.

 정민 작가는 '삶이 그대로 예술이 되고, 예술이 곧 생활인 삶을 누린다. 바쁘게 돌아가는 생활의 현장 속에서 작은 여유로

내소사 대웅보전(보물 제291호)

내소사 대웅보전 법당 안

섬광 같은 기쁨을 찾아내어 즐거워했던 선인들의 내면을 엿본다.'라고 말한다. '꽃문살'을 조각한 장인을 말하는 듯싶다. 생활에서 우러난 마음을 문살에 꽃으로 새겨 놓은 것이다. 돌아보니 우리는 한겨울에도 시들지 않는 꽃을 품고 살았다. 매일 같이 여닫는 문과 창, 우리가 흔하게 보았던 문 창호지가 그것이다.

창호지에 꽃잎을 붙여 이용하던 유년 시절의 이야기다. 친정어머니는 해마다 딸들이 구멍 낸 창호지를 바꾸는 행위를 멈추지 않았다. 격자 창살에 한지를 그냥 붙여도 좋으련만, 굳이 가으내 말린 꽃잎을 일일이 창호지에 붙이는 번거로움을 감수하셨다. 문 창호지에 담긴 어머니의 정성을 어찌 헤아릴 수 있으랴. 집안에서 사철 꽃을 감상하며 누리던 삶, 바로 생활이 그대로 예술인 시절이다.

다산처럼 은근한 자연의 멋을 즐기셨던 어머니시다. 밤이 되면, 백열등에 비친 창살과 꽃무늬 그림자가 벽면에 은근히 비추었던 것 같다. 가을밤 문창호지 앞에서 국화꽃 그림자놀이를 즐기던 선인의 모습 그대로다. 당신은 앞마당에 꽃씨를 심어 가꾸었고, 심지어 창문에도 꽃을 심었던 것이다. 덕분에 딸들의 감성은 저절로 높아졌다. 돌이켜보니 문 창호지에 꽃을 심는 거룩한 연례행사는 고단한 삶 속 여유를 잃지 않는 고유한 정신이자 문화였다.

일상의 문화유산이 바로 문 창호지가 아닐까 싶다. 지금은 꽃잎을 붙인 문 창호지를 찾아보기 어렵다. 그나마 유년 시절

추억이 온몸에 기억되어서 다행인가. 내가 어머니의 감성을 이어받아 아파트 테라스에 꽃밭을 만들어 토종 꽃과 나무를 키우고 있다. 향기로운 꽃차도 만들고, 마른 꽃잎도 두고 보며 그 시절 흉내를 내며 선인처럼 '섬광 같은 기쁨'을 누린다. 꽃이 스러지고 꽃씨를 받아 지인에게 나누기도 한다. 어떤 이는 직장을 다니며 시간이 빠듯할 텐데 편안하게 살라고 조언하나, 자기 손으로 꽃을 키워보지 않은 사람의 소리이다. 내가 가꾼 식물은 온몸으로 기억한 그리움이다. 나에게 꽃씨 나눔은 그리움의 유산을 나누는 행위이다.

꽃문살을 새긴 장인도 일상에서 아이디어를 얻었으리라. 문창호지처럼 법당 문살에도 사시사철 꽃이 피어나길 원했으리라. 누구보다 불심이 강하여 법당 그 자체를 꽃 공양으로 바치고 싶었는지도 모른다. 법당 천정의 꽃과 문살의 꽃을 번갈아 바라본다. 세월의 힘은 두렵고도 대단하다. 나무를 그대로 조각한 꽃을 문살에 앉힌 것처럼 자연스럽다. 시간의 풍화로 나무 꽃이 쪼개져 반쪽만 남은 꽃도 보인다. 채색은 다 지워지고 나뭇결만 남아 만지니 감촉이 참 좋다. 꽃문살과 문창호지는 선인의 생활이 녹아든 문화유산이다. 세대를 넘어 현존하는 유산은 물론이고 기억 문화유산도 글로 남겨 보존해야만 한다.

꽃바람이 분다. 바람이 한번 쓸고 지나가는 자리마다 꽃봉오리와 새잎이 화르르 피어나리라. 눈길 고운 그대여, 꽃비 맞으러 어서 내소사로 오소서.

희랑대사, 천 년만의 외출
- 경남 합천군 해인사

 제자의 코끝도 볼 수가 없다. 정녕 둘의 만남이 이토록 어려운 일인가. 전시실엔 스승만이 쓸쓸히 앉아 있다. 연꽃으로 불 밝힌 그의 옆자리는 오지 않는 사람을 하염없이 기다리는 듯하다. 제자를 기다리다 푹 꺼진 그의 눈은 더욱 깊어지리라. 아니 밖을 향하여 길어진 목은 더욱 길어질 듯싶다. 굼뜬 행차는 너무한 태도이다. 홀몸인 스님은 절집을 나서기 쉬울 테고, 많은 사람을 거느린 임금은 아무래도 행차가 번거로우리라. 그래도 어찌 스승을 천 년 이상 기다리게 하는가. 조각상이 만들어지고 단 한 번도 마주한 적 없는 두 사람이다. 후인은 자유로이 넘나들지 못하는 분단된 조국이 안타까울 뿐이다.

 자그마치 천백 년만의 외출이다. 건칠 희랑대사 좌상(고려 10세기, 보물 제999호)이 합천 해인사를 떠나는 의식은 부처님을 모시는 것처럼 장엄한 이운 행사로 이어진다. 가마의 행렬을 따르는 불자들의 꼬리가 보이지 않는다. 희랑대사는 고려시대 목각상으로 국내 유일한 문화유산이다. 주변 국가에서도 입적한 고승의 초상 조각을 만들어 후세에도 그 업적을 기렸다는데,

태조 왕건상을 기다리는 빈자리

태조 왕건상

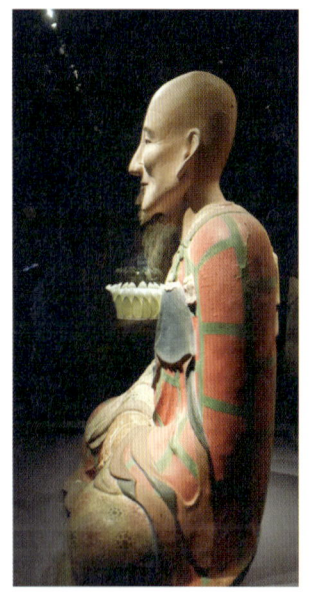
희랑대사(옆모습)

합천 해인사 건칠희랑대사좌상(보물 제999호)

우리나라엔 한 점 밖에 남아 있지 않다. 희소한 목각상이라 후인에 관심의 촉수는 사정없이 증폭된다.

두 사람의 위대한 성인을 만나는 일이 어디 그리 쉬운가. 희랑대사는 신성한 신전에 홀로 앉은 듯 근엄한 모습이다. 감히 근접하지 못할 정도로 고상한 광채를 발한다. 희랑대사의 얼굴과 신체, 체격을 극사실적으로 표현한 초상 조각을 보는 순간, 온몸에 전율이 일어난다. 다가가 얼굴을 바라보니 온화한 노인의 형상이다. 보일 듯 말 듯 흐린 눈썹에 자그마한 두 눈, 오뚝한 코와 미소를 머금은 입술, 입가에 자연스러운 팔자 주름과 이마 주름이 보는 사람으로 하여금 편안하게 한다. 동네 할아버지처럼 금방이라도 말을 건넬 듯하다. 온몸을 가누지 못할 정도로 지친 상태로 로봇처럼 직장을 오가고 있는 터에 마주한 희랑대사. 우리의 만남도 예정된 만남이었으리라. 시공간을 초월하여 메마른 영혼을 구원하러 온 듯싶다. 대사 곁에 머무니 마음이 편안해지고 온몸에 따스한 기운이 감돈다.

태조 왕건과 희랑대사의 만남은 운명적 만남이다. 희랑대사는 태조 왕건의 스승이자 정신적 지주로 알려져 있다. 대사는 후삼국 시대 왕건이 백제의 월광 왕자와 싸움에서 수세에 몰릴 때 달려가 도운 인물이다. 두 사람의 조각상은 고려시대 유일하게 남아 있는 인물 조각이다. 국가 수호의 핵심인 '왕권'과 국가 운영의 '정신적 기반'을 상징한다. 고려 초인 930년 이전에 제작된 희랑대사 목각상에 대하여 해인사 주지 스님은 '우리나라에 인물을 소재로 목조 조각상이자 희랑대사가 생전에 본인이 직접 제작했다는 점이 특이한 유물'이라고 밝힌다. 고려 건국과 국태민안國泰民安, 그리고 자신의 조각상을 직접 만들 정도인 희랑대사는 과연 세기가 낳은 인물이다. 천년이 흐른 뒤에도 이렇듯 후인의 마음을 뒤흔들고 있다.

고대하던 태조 왕건 초상을 도록 사진으로 만난다. 왕건은 고려 왕실을 상징하며 신과 같은 존재이다. 왕실 사찰인 봉은사에 왕건의 초상을 모시고 중요한 행사가 있을 때마다 고려 국왕이 직접 분향하였다. 평양 조선중앙역사박물관에 소장된 〈태조 왕건상〉은 왕건의 무덤인 개성 현릉에서 출토되었고, 앉은 조각상의 높이만 138cm에 달한다. 왕건이 쓴 관은 황제를 상징하는 통천관通天冠으로 황제국 고려의 모습을 보여준다.

태조 왕건은 통일국가 고려(918~1392)를 세운 왕이다. 국토 중심부에 위치한 개경이 수도로 다양한 민족과 국가가 난립하던 격변기이다. 그런데도 여러 나라와 활발한 무역 교류와 독창적인 문화로 나아간 점을 전시된 문화유산이 증명한다. 우리는 천 년 전 그 누구도 하지 못한 최고의 금속 인쇄술과 세공술을 지닌 민족이다. 국보 제32호 팔만대장경이나 직지심체요절이 대변한다. 무엇보다 지금 이 자리는 바로 선인과 후인이 만든 시간이라는 걸 온몸으로 느끼는 순간이다.

고려 건국 1,100주년을 기념한 '대고려 특별전'은 전 세계에 흩어진 고려의 문화유산을 한 자리에 모아놓은 특별한 전시이다. 한국과 미국, 영국과 이탈리아, 일본 5개국과 46개 기관에서 450여 점 모으느라 어려웠으리라. 흔하지 않은 고려 유물을 언제 만날지 모른다고 생각하니 더욱 소중하다. 고려시대 유물을 바라보며 우리 것을 제대로 보존하지 못한 책임 의식과 우리의 문화유산인데 주인 행세를 못 하는 형편에 애통할 따름이다.

국립중앙박물관 기획 전시 '대고려 그 찬란한 도전'은 대성황이다. 박물관 관계자가 굳이 말하지 않아도 '대고려 특별전'을 보러 온 사람들로 장사진을 이룬다. 지방에서 올라온 나는 희랑대사와 단둘이 호젓하게 마주하고 싶은 열망으로 새벽 버스를 타고 달려온 사람이다. 나만의 희망 사항일 뿐이다. 하지만, 국가민속문화유산 전시에 관람객이 많기를 평소 바라던 일이다. 문화유산을 보고자 줄을 선 모습은 진취적이고 바람직한 현상이다. 옛것을 찾아 몸소 체험은 우리의 정체성을 파악하는 일이자 전통문화를 계승 발전하는 길이다.

관람객 틈에서 목을 길게 내밀고 희랑대사와 마주하고 있다. 대사의 목각상은 전시가 끝나고 제자리로 돌아가 기약 없는 칩거를 예고한다. 우리 소유의 문화유산은 제집에 들지만, 이웃 국가에서 빌려온 문화재는 제집에 들지 못하여 참으로 안타깝다. 오래된 문화유산의 보존과 계승의 현주소를 바라보는 전시회가 아닌가 싶다. 전시실을 나오며 제자를 기다리던 희랑대사의 눈길이 눈앞에 아른거린다. 스승과 제자가 한자리에 마주할 그날을 애타게 기다린다.

푸른 세상을 위하여

 저절로 웃음이 번진다. 원숭이가 대문니를 두세 개 보이며 입을 헤벌쭉 벌리고 있다. 콧구멍은 검은 터널처럼 구멍이 뚫려 그 길은 끝이 없을 듯하다. 콧구멍을 두고 너무 과한 표현인가. 구멍은 마치 동굴처럼 느껴지기도 한다. 동굴 속에는 두 손을 모은 수행자가 자리하리라. 동굴은 대문이 없어 바람이 무시로 드나들고 누구나 자리할 수 있으리라. 콧등에서 잠시 서성거리다 시선을 위쪽으로 돌리니 숨을 턱 막힌다. 묵호의 움푹 파인 눈두덩이다. 눈 주위가 마치 산속 맑은 계곡물이 고인 듯 짙푸르다. 항아리 안에는 먹 말고도 묘한 것이 들어 있을 듯하다.

 묵호는 먹을 담는 항아리이다. 국립중앙박물관 '푸른 세상을 빚다' 관람에서 만난 익살스러운 '청자 원숭이 모양 묵호(고려 12세기, 개성 부근, 7.1cm)'이다. 원숭이가 자기 상체보다 큰 물빛 감도는 항아리를 가슴에 품고 있다. 아니 품고 있다는 건 모순일 지도 모르리라. 손등의 근육이 불끈 일어나고 어깨 근육이 부풀어 있다. 물건을 힘겹게 들고 있다는 증거이다. 그러나 표정은 익살스럽다. 애써 웃는 표정이 아니다. 얼굴 전체의 근육이 움직이는 듯 웃고 있다. 원숭이의 표정은 언제라도 어디로 튈지 모르는 짓궂은 표정에 가깝다. 무엇보다 눈두덩이에 푸른 물처럼 보이는 건 원숭이의 웃는 몸짓에 항아리가 출렁거려 두 눈에 물이 고였는지도 모른다. 이처럼 푸른 청자 원숭이는 상상의 많은 이야기를 낳는다.

  도자를 만든 장인은 아마도 푸른 세상을 원했으리라. '푸른 세상'이란 말을 읊으니 내가 좋아하는 새벽의 풍경이 그려진다. 묘시는 푸르스름한 경계를 발하는 시각이다. 겨울은 푸른 빛의 세계의 깊이를 느낄 수 있는 계절이다. 하늘은 짙푸른 바다처럼 푸른 잉크 빛의 세계가 펼쳐진다. 그 세계에선 달도 별도 도드라지도록 환하다. 묘시에 깨어 새벽을 맞이하는 사람이라면 푸르게 물들어 있으리라. 만물을 푸르게 물들여 혼탁한 기운을 씻어내고 복잡한 생각도 정리되어 정신도 맑아지리라. 그래서 나는 새벽에 깨어있기를 자청한다.

  상형 청자를 빚은 고려 사람도 나와 같은 부류일지도 모른다. 새로운 생각으로 창조를 일삼는 사람이라면, 혼탁하고 분주한 시공간을 원하지 않으리라. 청자를 빚는 장인은 잠이 없거나 고독을 즐기는 새벽형이거나, 노을빛 어린 어스름을 좋아하는 초저녁 형이리라. 그들이 마주하는 시간은 바로 푸르스름한 경계의 시각이다. 밤과 낮, 낮과 밤의 경계에 선 푸른 빛을 그

청자 원숭이 모양 묵호(고려 12세기, 7.1cm)

기운을 도자에 담고자 애썼으리라. 그렇게 상형청자의 남다른 세계를 꿈꿨으리라.

상형청자는 인물, 동물, 식물 등의 형상을 본떠 만든다. '상형'의 사전적 의미는 어떤 대상의 모양(形)을 본뜨는(象) 것이다. 고려 상형청자는 우리나라 미술 문화를 풍요롭게 한 특별한 존재라고 적는다. 전시된 상형청자는 생활에 필요한 도자가 여럿이다. 조형적 아름다움과 기능성을 두루 갖춘 기물이다. 동시에 '자연에 대한 고려 사람들의 사랑과 애호를 반영한 예술품'이다. 고려 사람들은 '자연과 세상을 바라보고 그 느낌을 글로 남기거나 다양한 재료를 이용하여 미술품으로 형상화'한다. 상형청자를 낳은 시대가 고려이거나 조선으로 접어드는 시기인가. 말하지 않아도 복잡다단한 세상이었으리라.

푸른 청자가 무언가를 말하는 듯하다. 자연이 친구이고 스승인 예전처럼, 자연의 순리대로 살아가던 삶의 세계를 그리워했으리라. 자연을 본뜬 도자를 빚어 곁에 두고 애용하며 고단한 삶을 이겨냈으리라. 후인은 세기를 훌쩍 뛰어 건너온 '청자 원숭이 모양 묵호'를 바라보며 화답한다. 부디 어지러운 세상을 푸른 세상으로 빚어주길 소원한다.

3

그럴 수도 있어

그럴수도있어 자연이 낳은 미학 산사
그리운 사유의 방에서 미학 절집에서
은자의 처소에서 등 돌리면 은자의 숲
산사가 보면 이내 그리운 절터 산사

남장사 석장승

럴 수도 있어 자연이 낳은 미학 산사에서
유 사유의 방에서 미학 절집에서 스럴
자의 처소에서 등 돌리면 온자리 수들
사가 보면 이내 그리운 절터 있어
압니다 산사

충북 음성군 보룡리 석조여래좌상

그럴 수도 있어
- 충북 음성군 보룡리 석조여래좌상

 발길이 떨어지지 않는다. 허리춤을 잡은 양 자꾸 뒤를 돌아보게 한다. 석불은 밭가 옹색한 헛간에 자리한다. 천정이 뚫리고 뒷벽 토담은 무너진 지 오래인 것 같다. 좁은 공간은 거센 바람이라도 불면 바로 무너질 듯하고, 주위에는 밭에서 나온 폐비닐로 너저분하다. 더욱이 흉한 것을 가리려고 얼개로 짠 검은 장막을 치고 있다. 정녕 이곳에선 석불을 위하여 마음을 내줄 분이 없는가 보다.
 가장 낮은 곳에 자리한 석조여래좌상이다. 주변의 환경과는 다르게 석불은 엷은 미소를 짓고 계신다. 얼마 전 사진 전시전에서 불상과 불탑을 관람하다 마음을 뒤흔든 불상이다. 사진 속 113개 불상 중 석불이 자리한 공간이 너무나 초라하여 나의 마음을 이끈 것이다. 음성군 원남면 보룡리 석조여래좌상은 인적없는 산길을 걸어가야만 한다. 촌마을을 지나 논둑길도 건너야만 한다. 그렇게 주민에게 물어물어 간 길은 다시 돌아 나와야만 하는 산기슭 아래이다. 다 쓰러져가는 허저분한 공간에 자리한 석불을 바라보며 한숨이 절로 흐른다.

정녕 세상에 영원한 것은 없나 보다. 불상이 자리한다는 건 이 자리에 사찰이 있었다는 증거가 아닌가. 주위를 둘러봐도 몇몇 민간 주택과 밭이 보일 뿐, 당간지주나 석탑은 찾아볼 수가 없다. 더욱이 중국에서나 일어날 법한 이야기가 이곳에서도 벌어진 것이다. 아들을 낳게 해준다는 속설을 믿고 석불에 누런 페인트칠을 했단다. 누군가 해괴망측한 일을 벌여 문화재로 지정되지 못한 부분도 있단다. 제작 시기가 고려 후기로 추정되는 석조여래좌상은 보관을 쓰고 있어 보살인 듯 보이나 머리 모양이나 옷 주름, 수인 등에서 석불과 흡사하다. 나는 역사학자도 전문 답사가도 아니다. 우리의 전통문화재를 좋아하는 후인은 허름한 곳에 모셔진 석불이 오래된 문화재가 방치된 것에 안타까울 따름이다.

　세상에 영원한 것은 없다. 얼마 전 찾아간 제주도 빛의 벙커는 공간의 역사를 회자할 수 있는 자리로, 새로운 문화공간으로 탈바꿈한 명소이다. 세잔 명화에 이어 국내 작가인 이왈종 화가의 '중도의 섬 제주'의 작품이 펼쳐진다. 그림이 스치다가 얼핏 문자가 보인다. '그럴 수도 있다. 그것이 인생이야.'라는 문장에 사로잡힌다. 이어 뇌리에서 사라지지 않던 석불이 연상되며, 원망스럽던 그 누군가에게 입말이 튀어나온다. '그래, 그럴 수도 있어'라고. 그래, 아들이 얼마나 갖고 싶었으면 귀한 불상에 페인트를 칠했겠는가. 무엇보다 문화와 역사가 순조로이 흘러 사찰이 존재하였다면, 석불도 초라한 곳에 자리하진 않았으리라.

삶의 역사적 공간이 흔적 없이 사라지면, 과연 과거의 문화유산은 어디에서 찾으랴.

더는 무뎌진 세상 탓만 하지 않으리라. 다음날 문화재 돌봄 센터에 한 점 남은 문화유산에 관한 도움을 요청한다. 석불 주변의 상황을 알리는 설명과 현장 사진도 보내고 사후 조치를 알려달라는 말도 잊지 않는다. 그 이튿날 소식은 이미 음성군에 도움을 구했지만, 움직이지 않았단다. 그래, 후미진 산골까지 누가 찾아가랴. 하지만, 덧붙이는 말은 이심전심이다. 문화재 돌봄센터의 도우미가 현장에 나가 주변 정리와 밭 주민과 소통하겠다고 하니 그나마 다행인가. 더불어 석불이 소외된 곳에 있어 관리가 어려우니 향토민속관으로 옮기는 것을 제안한다.

세상일도 사람의 미래도 모른다. 주위에 내 의도와 상관없이 벌어지는 일이 많다. 잘 나가던 분이 추풍낙엽처럼 바닥으로 떨어지고, 무일푼의 사람이 갑부가 되었다는 풍문도 돈다. 하지만, 나는 평생 땀의 대가로 보람을 느끼는 사람이다. 내 앞에는 제일 낮은 곳에서 수백 년 자리한 석불도 변함없이 미소를 짓고 있지 않던가. 삶의 비애를 느끼는 절박한 순간에 '그럴 수도 있어.'라는 말을 품어도 좋으리라. 그러나 앞서간 선인의 역사와 문화는 정체성의 표현이기도 하다. 그래, 그럴 수도 있겠지만, 선인이 남긴 석불을 보존하는 일도 우리의 몫이리라.

남다른 상징의 세계, 남장사
- 경북 상주시 남장사

　언제 가도 푸근한 절집이다. 그 집에는 반기는 사람도 없고 속세로 돌아간다고 붙잡는 사람도 없다. 나의 의지대로 오가는 공간, 깊은 산속 사찰이다. 정처 없이 사찰 만행漫行을 시작한 지도 십여 년. 목적지가 정해지면, 거의 십여 일은 그곳에 관한 탐구에 들어간다. 사찰 구조는 거지반 어슷비슷하다. 화려한 팔작지붕의 전각보단 무채색의 잘 늙은 법당에 마음이 간다. 내로라하는 문화재보단 그가 품고 있는 전각의 배경이나 소소한 부속물에 관심이 갈 때가 많다. 경북 상주에 자리한 남장사도 마찬가지이다. 특히, 풍부한 표정에 상징성이 넘치는 조각품이 널려 있어 남다른 예인의 정신이 느껴지는 사찰이다.

　석장승을 보고자 도로를 기어가듯 속도를 줄여 주위를 살핀다. 부처님은 삶의 속도를 조절하라고 외딴곳에 장승을 배치하였는지도 모른다. 남장사는 초입부터 오래 묵은 장승이 먼저 나그네를 맞는 곳이다. 일주문 앞을 지키던 돌장승을 저수지 주변으로 옮겼다는데, 장승은 도로 옆 어중간한 산자락에 자리하고 있다. 앞만 보고 쏜살같이 달려간다면, 장승이 거기에 있는

지조차 모르리라. 상주 남장사 관련 정보를 미리 알아 석장승을 어렵지 않게 알현한다.

 민가에서 수호신처럼 여기는 남장리 석장승(경상북도 민속자료 제33호)이다. 장승은 마을 입구나 사찰 입구에 세워 지역 간의 경계나 이정표 역할을 한다. 그리고 대다수의 민불이나 돌장승처럼 장승을 멀리서 보면, 남근의 모습을 띠고 있어 치성을 빌면 아들을 낳는다는 속설도 있다. 절집에서 민간의 신앙을 받아들인 걸 보면, 품이 넓은 소통과 융합의 시공간이 틀림없다.

 장승을 구석구석 살펴봐도 미쁜 구석이 없다. 거구의 못생긴 장승 앞에서 선인은 어찌 비손이 되었을까 궁금하다. 장승을 밤중에 마주하면, 당장이라도 달려들 듯 성난 표정에 근접도 못 하리라. 사납게 치켜 올라간 퉁방울 같은 두 눈에 불뚝 튀어나온 커다란 주먹코. 눈과 코가 얼굴의 거지반을 차지할 듯싶다. 굳게 다문 입술은 미소를 지을까 말까 하는 형상에 얼굴은 무엇을 생각하는지 갸우뚱하다. 톺아보니 입술 아래로 날카로운 송곳니 서너 개, 잡귀를 물리치기에 무리가 없다. 장승은 찬란한 신록의 기운과 부드러운 이미지의 덕을 본 성싶다. 제멋대로라서 더욱 친근함이 느껴지는 돌장승이다. 어느 한 곳 잘난 곳이 없는 장승을 빚은 석수만의 조각 세계가 궁금하다.

 사찰의 품속에서 절로 쉬어간다. 일주문을 지나 푸른 산길을 걸어 연화교를 건너니 본래의 평정심으로 돌아와 있다. 경내에

남장사 관음전 후불 목각탱화(보물 제923호)

남장사 보광전 후불 목각탱화(보물 제922호)

들어서니 '지장보살'을 독송하는 스님의 목소리가 울린다. 영가를 축원하는 불공이다. 극락보전 앞에서 서성이다 아미타불 관전은 뒤로 미룬다. 산길을 올라 관음전에 도착하니 공사 중이다. 보물로 지정된 후불 목각탱화를 볼 수 있을지 의문이다. 멀리서 지붕을 걷어내는걸 바라보다 작업자가 연장을 떨어트리는 장면을 목격한다. 나는 기다렸다는 듯 재빨리 먼지 풀풀 날리는 지붕 아래로 다가간다. 하늘을 향하여 신과 접선하듯 쇠뭉치의 연장을 건넨다. 그 덕분에 공사는 잠시 멈추고 일행은 그곳을 통과한다.

민가 한옥처럼 보이는 관음전이다. 인적이 드문 암자라 스님은 사람이 그리운 듯 반갑게 맞이한다. 허름한 안방에 앉은 듯한 금동관세음보살이 보이고, 뒤로 후불 목각탱화가 돋보인다. 관음전 후불 목각탱화(1694년, 보물 제923호)는 보광전 목각탱화(보물 제922호)와는 또 다른 모습이다. 보살님의 표정이 해학적이다. 헤프게 웃는 듯 하얀 이를 드러내거나 입술을 빨갛게 칠한 보살 앞에서 절로 미소가 지어진다. 노스님은 따스한 홍차를 내놓으며 목각탱화의 내력을 말씀해 주신다. 나무 일곱 장을 잇대고, 위쪽에 나무 한 장을 덧붙여 보살상을 조각한 목각탱화. 대한민국에서 보기 드문 보살의 표정을 해학적으로 남다른 상징의 세계를 보여준다.

인간은 영원불멸한 것은 없다고 말한다. 국가를 누가 통치하느냐에 따라 역사와 문화는 융성하거나 소멸 기로에 놓인다. 그

과정이 어떻든 극단적인 결정이 크나큰 시대적 문화 가치의 손실을 부른다. 서원 철폐령이면, 서원의 기능과 역할을 제한하면 되지 않던가. 굳이 1,000여 곳의 멀쩡한 건축물을 부수고 폐허로 만들게 무엇인가. 건물을 다른 용도로 사용할 생각은 하지 못하였는지 묻고 싶다. 도심에 자리한 수많은 사찰도 마찬가지다. 절집에 드나들며 빌고 빌었던 민심의 마음 또한, 폐허로 만든 것이나 다름없기에 가슴이 아프다. 충분한 소통과 융통성을

남장사 극락보전 이백 벽화

남장사 극락보전 천장 조각

남장사 일주문

남장사 석장승

발휘하여 삶의 혼이 깃든 문화유산을 살렸다면 얼마나 좋았으랴. 못내 아쉬움을 지울 수가 없다.

남장사에는 여느 사찰에선 보기 어려운 벽화가 있다. 극락보전 내부 벽화에 적힌 '이백기경상천도李白騎鯨上天圖', 보기 드문 유가儒家의 그림이다. 이백처럼 강물을 좋아한 사람도 없으리라. 이백이 강물에 비친 달을 건지려다 죽어 고래를 타고 천상으로 간다는 전설을 그린 그림이다. 그런데 이백이 탄 고래는 수염이 난 물고기이다. 화공이 산골에서 고래를 본 적 없어 상상력으로 그린 물고기가 잉어라는 설이다. 여하튼 숭유억불을 근거할 수 있는 자료이자, 유학자들이 풍류를 즐기며 그린 그림이라고 추정하는 벽화이다. 사찰의 기구한 역사와 경위가 어떻든 남장사에 옛사람의 흔적이 남아 볼 수 있어서 다행이다. 법당 천장에 배치된 목각의 짐승들은 본연의 의무를 지니고 있으리라. 석장승과 목각탱화 그리고 목각 짐승 등속을 구성한 장인은 다르지만, 이 모든 것은 남장사만의 고유한 상징의 세계를 보여준다.

누구나 이 공간에 서면, 오래된 철학을 떠올리리라. 나는 왜 오래된 문화재를 갈구하며 찾아 떠나는가. 석수는 일주문 앞에 왜 돌로 만든 장승을 세웠으며, 화공은 왜 비단이나 종이에 탱화를 그리지, 나무의 속을 어렵게 비워 희귀한 보살의 표정을 조각하였을까. 고단한 중생은 응답 없는 질문을 계속 던지다 침묵 상태로 빠져든다.

미륵불 미래에 오시는가
– 관촉사와 대조사 석조미륵보살

풀숲 위를 춤을 추듯 걸어간다. 바람의 몸짓으로 주변의 만물도 춤을 추는 형상이다. 온몸의 감각을 깨우는 기분 좋은 바람이 얼마 만인가. 바람의 계절은 마치 가을의 중심에 서 있는 듯 착각을 일으킨다. 그와 동시에 얼굴 위로 빗방울이 한두 방울 스친다. 성곽에서 비를 피하는 건 우리뿐이다. 방문객이 두서너 명씩 늘어나는 형국이다. 젊은이들은 일명 사랑 나무 그늘서 온갖 몸동작을 취하며 즐겁게 사진을 찍고 있다. 부여 가림성加林城(사적 제4호) 정상부에 자리한 느티나무를 보고자 곳곳에서 찾아든다.

허허벌판인 이곳에 인적이 끊이지 않아 그나마 다행인가. 부여 가림성 풍경을 즐기고자 찾는 사람들이 많아진다. 거목의 힘이다. 400년 묵은 저 느티나무는 얼마나 많은 사람을 품었을까. 나무는 이곳에 머물다 사라진 사람들을 기억이나 할까. 이런저런 생각으로 성곽길을 따라 도니 부여 시내가 한눈에 들어온다. 난공불락의 가림성을 쌓다 돌아간 선인과 백제 부흥을 위하여 애쓴 숨결과 영혼. 이곳에서 스러져간 선인을 향한 묵례로 예를 다한다.

성흥산은 기암절벽이 병풍처럼 두른 산이다. 절벽에 뿌리를 묻고 자란 노송들이 일품이다. 하늘로 치솟은 절벽 틈새를 기어올라야만 성곽이 드러나는 철통 수비의 요새이자, 정상부에선 주변에 봉우리가 없어 사방이 한눈에 보이는 전략적 요충지다. 가림성을 먼저 올라 둘러보길 잘했다는 생각이다. 백제 부흥 운동 터인 성곽에서 민중의 기운을 온몸으로 느끼길 잘한 것이다. 나의 목적지는 가림성 중턱에 위치한 대조사 석조미륵보살을 뵈러 나선 길이다. 성흥산 품 안에 미륵보살이 자리하게 된 연유가 조금은 짐작이 간다.

빗살은 점점 굵어진다. 빗소리의 울림은 이 땅에 살아남고자 목숨을 바쳤던 백제인의 함성으로 들린다. 무거운 마음 때문인가. 대조사를 오르는 경사 높은 계단이 힘겹다. 드디어 산 정상에 거구의 불상 앞에 선다. 대조사 석조미륵보살입상(보물 제217호)은 절벽에 새긴 마애불이 아니다. 커다란 돌덩이를 어떻게 산 정상으로 옮겼는지 궁금하다. 거대하지만, 투박하고 소박한 석불이 친근하다. 석조미륵보살입상을 바라보니 석불의 크기나 조각 면에서 우수한 논산 관촉사 은진미륵이 떠오른다.

관촉사와 대조사 두 미륵보살은 10세기 후반 충청도 지방 특색이 잘 드러난 석불이란다. 미륵불은 석가모니가 구제하지 못한 중생을 구제하고자, 석가모니가 열반한 후 56억 7천만 년이 지난 뒤에 나타난다는 부처이다. 미래의 시간은 가늠하지 못할 영속의 시간이다. 하늘로 돌아간 선인이나 내가 머무는 시대가

부여 대조사 석조미륵보살입상

논산 관촉사 석조미륵보살

부여 가림성 사랑나무 아래서

저물어도 아니, 직계 후손도 만나지 못할 부처가 아닌가. 천 년 전 만나지도 못할 돌부처에 수많은 중생의 염원을 새겨 유산으로 남기는가.

관촉사 은진미륵(국보 제323호)은 고려 초기 불교예술의 특징으로 파격적이고 대범한 미적 감각의 석불이다. 무엇보다 은진미륵은 어느 곳에서 바라보느냐에 따라 분위기가 다르다. 지상에서 미륵불을 올려다보면, 육중한 거구의 중압감에 눌리는 느낌이다. 근엄한 표정으로 나를 뚫어지라 바라보는 듯해 행동이 절로 조심스러워진다. 하지만, 산사 제일 높은 곳에 자리한 산신각에서 바라본 미륵불의 옆모습은 사뭇 다르다. 마치 자애로운 표정에 모든 것을 용서해 줄 듯싶다.

논산 관촉사 은진미륵은 고려 광종 때 반야산에서 혜명대사와 석공 백 명이 참여하여 37년 걸려 불상을 완성하였다는 기록이다. 하지만, 거구의 불상을 옮기지 못하고 고민하던 터에 두 명의 동자가 강가에서 흙장난하는 모습에서 착안하여 불상을 세울 수 있었단다. 평지에 불상의 아랫부분을 먼저 세운 다음, 그 주변에 모래를 높이 쌓아 불상의 중간 부분을 위로 밀어 올리고, 다시 그 주변에 모래를 높이 쌓아 불상의 윗부분을 밀어 올리는 식이다. 불상을 세운 덕분에 이 마을은 '모래 사다리'라는 뜻으로 사제 촌으로 불린다.

은진미륵 기단 아래 양쪽 수호석이 한몫을 한다. 언제 조각하여 이곳에 놓였는지는 모른다. 세월의 검은 더께로 같은 시기가 아닌가 싶다. 해태인지 여의주를 물고 있는 용의 형상인지 모를 조형물의 자태가 익살스럽다. 근엄 속 해학이랄까. 장엄한 미륵불의 표정을 완화해 주는 석상이다. 왼편의 수호석은 석불처럼 정면을 바라보고 있다. 그런데 오른편 수호석의 시선은 마치 중생이 예를 갖추는지 않는지 확인하는 양 익살스러운 표정이다. 고개를 돌려 눈알이 튀어나올 듯 바라보는 석상이 독특하다.

 빗살이 멈추질 않는다. 백제인의 울음인가. 망국의 슬픔을 향한 상념을 접고 함께 온 지인의 말에 귀를 기울인다. 우리는 미륵불 상반신이 보이는 용화보전 처마에 앉아 있다. 미륵불을 접견한 마음과는 다르게 코로나19로 새로운 풍경이 펼쳐지는 순간이다. 사람이 많이 모인 곳은 갈 수도 없는 형편이다. 사찰 기행 중 굴풋하여 소풍 온 양 도시락을 펼친다. 미륵보살의 품 안에서 늦은 점심을 먹는다.

 미래에 오시는 부처를 무한정 기다릴 순 없다. 싯다르타(Siddhārtha, Gotama)의 말씀처럼 현실은 일체개고一切皆苦, '일체 모두가 고통이다.' 인간은 태어나면서부터 고통이고, 죽는 날까지 고통은 이어진다. 말 그대로 고통은 죽어야만 끝나리라. 그러니 삶을 있는 그대로 받아들이는 것이 고통을 잊는 한 방법이다. 김수영 시인이 '온몸으로 밀고 가야 시詩가 된다.'라고 말했듯, '껍데기는 가라'고 절규했던 신동엽처럼 나에게 주어진 하루를 온전히 향유해야만 한다. 그래야 고통에서 스스로 자유롭고 미륵불의 짐도 덜어주는 길이 아닐까.

선업으로 가는 길
– 경남 고성 원각사에서

 친구 스님에게로 가는 길은 온 세상이 하얗다. 더러움이 없는 순수의 세계로 이끌리듯 나아간다. 도로 주변의 흰 꽃의 나무, 가로수 길의 이팝나무가 하얗고, 야산에 핀 아카시아 꽃과 산책길 조팝나무가 하얗다. 심지어 바닥에 핀 토끼풀꽃도 그렇다. 이 계절은 스님의 청아한 성품을 그대로 보여주는 듯하다. 스님은 지금 화엄의 길을 걷고 있다.

 원각사 주지 스님인 고봉 스님은 고등학교 40년 지기이다. 친구들은 각기 다른 삶의 길을 걸으며 일 년에 한두 번은 만나고 있다. 스님은 고교 시절 인연으로 예까지 온 것이다. 스님에게 가는 길은 정녕 큰마음을 먹어야만 닿을 수 있는 곳, 하루 일정으로는 먼 길이다. 산사까지 거리는 쉬지 않고 서너 시간 걸리고, 귀갓길은 공휴일이라 그런지 두 배의 시간이 걸렸다. 오죽하면, 우스갯소리로 스님을 자주 볼 수 있도록 절집을 친구들이 있는 곳으로 옮기라고 했으랴.

 돌아보니 종교는 일상처럼 스며든 것 같다. 어머니는 불경을 카세트로 반복하여 들으며 읊조렸다. 그래선가. 세월이 흘러도

경남 고성 원각사 대웅전

원각사 삼층석탑

원각사 석조아미타불좌상

경전 속 단어들이 귀에 익숙하다. 어머니의 손을 잡고 코흘리개 시절부터 다니던 사찰은 청주 변두리의 혜은사이다. 예전에는 버스에 내려서도 삼십여 분, 먼지가 피어오르는 산길을 걸어가야만 한다. 굽은 길에서 어린 쑥과 냉이도 캐고 애기똥풀과 싸리꽃 등속의 계절 꽃을 마주하는 즐거움이 있었다. 어머니는 부처님 오신 날에 많은 사람에게 국수를 베풀었다. 오로지 식구들을 위한 당신의 정성스러운 비손을 잊을 수가 없다. 그렇게 딸들은 어머니가 쌓은 선업善業으로 번듯이 살아가는 건 아닌가 싶다. 눈앞에 바다와 포구가 보이는 걸 보니 목적지에 거의 도착했나 보다.

원각사는 경남 고성군 동해면 최동단에 자리한다. 사찰 초입의 가룡마을은 용이 수레로 끄는 형상의 지형으로 시루봉 줄기 따라 큰가룡과 작은가룡이 있고, 해와 달이 제일 먼저 뜨는 마을이다. '시루봉이 어머니 품처럼 마을을 품고 용을 타고 비상하는 그날이 오기를 기다리며 주민 모두가 열심히 살아간다'라는 이정표가 인상적이다. 마을 볼거리가 망일포이고, 특산물이 참다래와 시금치란다. 군더더기 없는 마을 자랑에 정감이 간다. 무엇보다 마을 주요시설이 스님이 계신 '원각사'라니 흐뭇하다.

사찰로 가는 길목의 다랑논에 산그림자가 짙다. 다랑논과 산, 빛과 논물, 산그림자. 어쩌면 대상들이 하나인 것처럼 조화로울 수가 있으랴. 참으로 산골만이 지닌 풍경이다. 어디 그뿐이랴.

산길을 걷다가 산책 나온 까투리가 날아올라 놀란 적도 있다. 산책하는 마음으로 해찰하며 산허리를 돌고 싶은데 마음뿐이다. 원각사는 참선과 기도하기 좋은 도량으로 알려져 있다. 산사 초입에 드니 경내에 스님의 정겨운 목소리가 울려 퍼진다. 법회 시간을 간신히 맞춘 듯하다. 외진 산속인데도 법당 안은 법문을 들으러 온 많은 사람으로 발 디딜 틈이 없다.

 산사에서 바라본 바다가 호수처럼 잠잠하다. 파도를 몰고 오느라 지쳤는가. 아니 바다도 스님의 설법을 듣느라 쉬어가는가 보다. 스님은 '당신이 이미 부처님입니다'라고 말문을 연다. 인연으로 맺은 업, 그 업에는 차별이 있다. 중생이 쌓은 업에는 선업과 악업이 있고, 그 업은 자신이 만들어 간다. 세상을 살아가며 알게 모르게 흘린 눈물이 어찌 바다보다 적으랴. 윤회를 거듭하지 않으려면, 선업善業을 지으라고 강조한다. 선업의 길에는 발심이 필요하고, 그 발심의 씨앗이 발아하여 꽃이 되길 바란다는 말씀이다. 설법을 마친 후에 파안대소하는 스님의 얼굴이 박꽃처럼 환하고 맑다. 자애로운 아미타불의 미소다.

염원이 깃든 불비상

– 세종시 운주산 비암사

　두 마리 토끼를 잡으러 나선다. 산사의 고아한 정취도 여유롭게 느끼고, 근처 아담한 책방도 돌아볼 참이다. 두 공간이 머릿속으로 그려지니 절로 미소가 지어진다. 자가용으로 한 시간여 걸리니 거리도 적당하다. 처서도 지나고 구월로 접어들었으니 지금쯤 산사도 여름 분위기를 벗고, 책방 정원도 가을꽃이 피어 반기리라. 누구보다 책방 단비님이 환하게 맞아주리라.

　전의면 운주산雲住山 비암사는 삼국시대에 창건된 사찰이다. 예전에는 충남권에 속하였다가 행정구역 변경으로 세종특별자치시가 관할하고 있다. 사찰은 신라 말에 도선道詵이 중창하였고, 조선 후기에 편찬된 『전역지全域誌』에 비암사가 나오는 것으로 볼 때 그 무렵까지 존속되었음을 알 수 있다. 내 고향 충청도 사찰을 검색하여 찾아다닐 때만 해도 2018년 극락보전은 보물로 지정되지 않았다. 2021년에 세종시 건축문화재로 보물로 지정되어 뜻깊다. 주불로 아미타불을 모시며 불상 위의 닫집과 조각물은 그 수법이 우수하다. 이밖에 2012년 세종특별자치시 유형문화유산으로 지정된 전의 비암사 삼층석탑과 부도 3기가 있다.

　특히, 삼층석탑의 내력을 두루 톺아보아야만 한다. 석탑 복

세종시 비암사 삼층석탑 탑돌이

비암사 느티나무 (수령 810년)

계유명전씨아미타불비(국보 제106호),
국립청주박물관 소장

원 시 불경 대신에 백제 유민의 염원이 깃든 불비상佛碑像 3점이 발견돼서다. 673년 제작된 것으로 추정되는 계유명전씨아미타불비상癸酉銘全氏阿彌陀佛碑像(국보 제106호)은 이 지역에서 비암사를 '삼한고찰三韓古刹'로 부르는 것을 볼 때, 창건 시기는 고대古代인 것으로 보인다고 문화재청은 적는다. 그 외 불비상으로 배[舟] 모양의 큰 돌에 조각된 기축명아미타불비상己丑名阿彌陀佛碑像(보물 제367호)과 납작한 기둥 모양의 비신碑身에 2마리 용이 얽힌 형태의 옥개와 방형의 대좌가 모두 한 돌로 조각된 미륵보살반가사유비상彌勒菩薩半跏思惟碑像(보물 제368호)은 1963년 보물로 지정되어 3점이 국립청주박물관에 전시되고 있다.

소중한 문화유산인 불비상은 우리나라에 7기가 남아 있다. 불비상 모두 충청권에서 발견되어 국립청주박물관에서 특별전을 개최하여 관람하며 감동한 적이 있다. 네모난 비석에 돋을새김으로 새긴 부처님과 나한상, 주악 비천상 등 시대가 남긴 기록과 조각의 수려함을 느낀 날이다. 장엄한 극락정토의 전경을 바라보며 '과연 현세의 예술가들이 조각할 수 있을까'라는 의문이 든 불비상이다. 아마도 장인의 마음에 품은 염원, 그 간절함이 낳은 수작이 아닐까 싶다.

비암사에는 또 하나의 걸작이 있다. 극락보전과 대웅전 사이로 높이 치솟은 기와지붕의 처마 선이다. 긴 처마가 물너울이 출렁이듯 유연하다. 더불어 감탄사가 절로 나오는 풍경은 긴 처마와 처마 사이 끝에 산신각이 소실점처럼 자리한다. 절묘한 구조는 양쪽 전각을 앉히다가 접한 우연의 일치일까. 아니면 설계자의 의도인가. 여하튼 어디서도 볼 수 없는 우리의 전통미, 처마선은 전통문화의 수려한 기운을 느낄 수 있는 비경이다. 내가 본 사찰 중에서 비암사의 산신각은 가장 높은 곳에 자리한다. 산신이 머무를 듯한 공간이다. 탱화가 아닌 조각상이라 그런가. 운주산 산신상은 묘하게 남다르다. 산신의 선한 눈빛과 눈매가 잊히지 않는다. 돌아보니 그 눈빛이 나를 그곳으로 부르는지도 모르리라.

 어디 그뿐이랴. 비 예보가 있으면 밖을 나서기가 쉽지 않다. 하지만, 빗소리를 들으러 일부러라도 가고 싶은 곳이 바로, 비암사이다. 산신각에서 바라보는 먼 산이나 발아래 옹기종기 앉은 기와지붕은 한옥의 멋스러움 그 자체이다. 비가 내리는 날 비암사 극락보전 처마 아래에서 빗살을 바라보길 권한다. 처마에서 떨어지는 낙숫물 소리에 시간 가는 줄 모르리라. 아수라 밥상으로 떨어지는 소나기도 시원하고, 처마 밑에서 비가 그치길 기다리는 일도 좋아라. 바닥을 파고드는 '빗살' 덕분에 글감을 얻은 적도 있다.

 산사를 두루 살피고 내려오는 길. 참새가 방앗간을 그냥 스치랴. 산사 입구 길목에 보이던 붉은 벽돌집 '단비 책방'으로 찾아든다. 책방 정원의 꽃향기와 책 내음이 온몸에 절로 스민다. 호호막막한 마른 감성에 윤기가 흐르는 날이다.

유등보살을 찾아서
- 충북 청주 용화사

 저물손의 쓸쓸하고 고요한 사찰을 마주한다. 유등보살은 머지않아 아파트 밀림 속에 우뚝 서 계시리라. 현재 절집 주변에 낡은 주택들은 흔적 없이 사라지고 흰 장막으로 가려져 있다. 장막 위로 얼기설기 솟은 크레인은 언제라도 절집을 공중으로 들어올 듯한 자세이다. 하지만, 어디 그것이 생각처럼 쉬우랴. 절집에는 무심천에서 모셔 온 석불상군(보물 제985호)과 협시보살이 수호신처럼 지키고 있다. 인간의 힘으로는 옮기지 못하는 5.5미터의 미륵보살과 거구의 석불이 여러 기다. 그나저나 무심천에 묻힌 석불상군을 어떻게 이곳으로 옮겼는지 궁금하다. 그 작업은 아마도 대장정의 길이었으리라.

 용화사는 법주사의 말사로 청주의 젖줄인 무심천 변에 자리한다. 무심천은 봄에 벚꽃놀이로, 가을에는 억새 군락지로 사람들이 몰려드는 곳이다. 인근에 여러 부처님이 계시고, 땅 위에는 기화요초琪花瑤草가 풍요로우니 바로, 이곳이 화엄의 세계가 아닌가 싶다. 사찰에 불교 신자가 아니어도 마음 수련이나 명상을 할 수 있는 공간이 제공되어 누구나 편안하게 이용할

충북 청주 용화사 범종루

용화사 용화보전

수 있다. 그래선가. 미륵불이 용화수龍華樹 아래 내려와 설법하며 중생을 제도하듯 평일에도 이곳 스님들은 용화세계를 펼치느라 분주하시다. 지인은 오후에 사찰에 들 때가 많은데 저녁 범종을 치는 스님이 매번 다르단다. 대사찰보다 스님이 더 많다는 소리이다.

무심천 주변에는 여러 사찰이 있었던 것으로 기록된다. 용화사는 고려 후기에 고찰인 사뇌사思惱寺로 밝혀진다. 사뇌사는 신라 말이나 고려 초에 창건된 대찰로 일부 학계에서는 몽골 4차 침입 때 유물들이 매몰한 것으로 추정한다. 어디 그뿐이랴. 불교 탄압 및 폐사 시 도심에는 21개의 사찰이 건재하였다고 하는데 용화사도 사라지고 일어서기를 여러 차례 하였으리라. 일설에는 신라 화랑들의 심신 단련과 군사들의 충성을 맹세하는 도량으로 활용되다가 이후 여러 차례 병화兵火로 법당은 소실되고, 미륵불은 대홍수로 무심천에 묻혔다는 설도 있다.

임금이 바뀌거나 사찰이 사라질 때는 석불을 땅속에 묻는단다. 석불이 그대로 묻힌 것만이 아닌 듯하다. 두 동강이 난 것도 있고 두상이 사라진 것도 있단다. 석불은 낚시꾼의 의자 대용으로 공헌하시니 중생 제도를 다양하게 하신듯싶다. 정녕 석불은 무심천 주변을 떠날 수가 없던가. 아니면, 어지러운 세상을 두고 보다 못한 미륵불은 고종의 후궁인 엄비嚴妃의 꿈에 나타나 계시한 듯하다. 꿈속에 나타난 늪의 물을 퍼내니 그곳에 칠존 석불이 있었다고 전한다. 이러구러 석불군을 용화사에 안

용화사 유등보살

용화사 용화보전 석조불상군(보물 제985호)

치하였단다. 특히, 고려시대 귀중한 석불로 알려진 석조불상군(보물 제985호)은 조각의 우수성과 중요성을 인정받아 국가의 유형문화유산 보물로 지정된다.

용화사의 관전 요소는 바로 용화보전의 입상 석불이다. 법당 정면에 약사여래불, 미륵불, 석가모니불 세 분만 보고 돌아서면 미련이 남으리라. 마주해야 할 보물이 석불 뒷면에 있다. 유등보살은 석가모니불과 한 몸이다. 석가모니의 젊은 시절의 모습이라고 추정하는데 석불에 조각한 큰 나한상은 매우 드문 예이다. 석가모니불이 앞면에 조각되고, 시간 흐른 후에 유등보살을 새긴 것 같다고 한다. 석수의 섬세한 손길을, 숨결을 따라가 본다. 광배의 새김은 없으나 두상 주변에 아우라가 비친다.

유등보살은 얇은 가사를 입은 스님의 형상이다. 석상의 얼굴은 민머리에 달덩이처럼 환한 미소를 짓는 듯한 형상이다. 목과 옷 주름의 새김이 물 흐르는 듯 자연스럽다. 가슴으로 내려오니 두 손에 찻잔을 다소곳이 모은 모습이 보이리라. 조금 전에 차를 나눈 스님의 모습처럼 형형하다. 전설 속 부처가 아닌 용화사의 젊은 스님을 닮은 듯싶다. 그대여, 절집에서 청아한 목소리의 젊은 스님을 마주하면 알은척하길. 아마도 스님은 따스한 차 한 잔을 그대에게 달여주리라. 백설이 난분분한 날 차 맛은 더없이 향기로우리라.

지붕 없는 박물관
– 경주 남산에서

 그리운 사람에게 편지를 쓴다. 시야가 탁 트인 바둑 바위에 앉아 그대를 생각하고 있다. 가슴에 묵은 염원을 문자에 녹여 엽서에 눌러쓴다. 속세의 감정을 산 중턱까지 짊어지고 올라와 엽서에 구구절절 적고 있다. 신도 오늘만큼은 인간의 간사한 마음을 이해하리라. 헛된 욕망이 아닌 가슴에서 우러난 진심을 써 내려간다. 엽서에는 문자와 그림으로 그릴 수 없는 청량한 솔바람도 묻어가리라. 뜬금없는 엽서를 받고 놀라는 그대의 모습이 눈앞에 선하다.

 엽서를 까마득히 잊고 지냈다. 9년 전 바로 이 자리에서 그대에게 일상을 염려하며 감사의 엽서를 보낸 것을. 불현듯 남산을 보고 싶어 경주에 가자고 하니 내가 보낸 엽서를 찾아 보여주는 것이 아닌가. 예전이나 지금이나 엽서의 내용처럼 내 마음에는 변함이 없다. 동행하는 사람만이 다를 뿐이다. 무엇보다 지붕 없는 박물관이라고 불리는 남산을 남다르게 생각하는 마음도 변함이 없다. 산중에 흩어진 석불을 접견하고자 한 걸음 두 걸음 경건하게 내디딘다.

경주 남산은 높지 않아 남녀노소 산행하기에 좋은 산이다. 천불천탑과 갖가지 표정의 석불이 널린 전남 화순 운주사처럼 볼거리가 많은 산이다. 하지만, 역사를 거슬러 올라 신산한 내력을 안다면, 결코 가볍게 오를 남산이 아니다. 남산은 경주시 남쪽에 솟은 산으로 신라인에 신앙의 대상이 되어 온 공간이기 때문이다. '신라는 절이 하늘의 별처럼 많고 탑이 기러기처럼 늘어섰을 정도로 불교문화가 융성했던 나라'이다. 선인에 삶의 흔적이 산중에 무시로 드러나고, 신라의 문화유적이 고스란히 남아 남산지구가 유네스코 세계문화유산으로 지정되었다.

남산에는 불교 유적만 많은 것이 아니라 자연경관도 빼어나다. 계곡의 물소리가 산객의 걸음을 따라온다. 산중에는 바위와 돌무더기가 넘쳐난다. 기암절벽과 너럭바위, 바닥에 크고 작은 돌이 지천이다. 그래서 산수 수려한 명산에 전국의 석수를 불러들여 바위와 절벽에 석불과 마애불을 조각하였던가 보다. 석수는 산중의 수도승처럼 불굴의 작품을 빚고자 정을 들었으리라. 마치 전장에 나가 온몸으로 싸우듯 불국의 나라를 지키고자 고군분투하였으리라. 그렇게 탄생한 조각이 석가여래불, 미륵불, 마애불, 석탑 등 다수이다.

남산을 오르는 데는 여러 갈래 길이 있다. 어느 길로 들어서든 천년의 역사와 문화재를 만나고 온몸으로 느끼리라. 경주에 심취한 분이나 경주를 여러 번 다녀간 사람은 남산을 으뜸으로 손꼽는다. '남산에 오르지 않고서는 경주를 보았다고 말할 수

경주 남산 바둑바위에서 편지를 부치다

남산 용장사곡 삼층석탑 아래 앉아서

없다.'라고 말한다. 자연도 아름답지만 '신라의 오랜 역사, 신라인의 미의식과 종교의식이 예술로서 승화된 곳'이 바로 남산이고, 신라인의 문화와 얼이 살아있기 때문이다.

남산의 정상이라고 할 수 있는 곳이 바로 용장사 절터이다. 하지만, 무수한 전각은 흔적 없이 사라지고 없다. 경주가 한눈에 보이는 자리에는 삼층 석탑이 우뚝 서 있다. 오랜 세월 함께 한 인간은 사라지고 석탑만이 자리한다. 고탑 주위를 돌며 주위 경관을 살펴보고 생각에 잠긴다. 바람이 들고나는 산정에서 홀로 석탑을 다듬었을 석수도 대견하고 이 자리에 석탑을 세운다는 생각을 한 선인도 위대하다. 석탑 주위를 맴도는 바람도 공기도 남다르게 느껴지는 순간이다.

> 산자락을 타고 내려온 바람 중/ 눈빛 초롱하고 허리통 굵은 몇 올을 끌어다/ 눈에 생채기가 날 만큼 부벼댑니다.
>
> — 곽재구 시인의 『기다림』에서

문득 머릿속을 스치는 시구이다. 나 또한, 바람을 탓하며 괜스레 두 눈을 소맷자락으로 비벼댄다. 코끝이 찡하며 눈가에 눈물이 고여서다. 신산한 과거 없는 사람이 어디 있으랴. 생애 편린들이 영화 자막처럼 스쳐 지나간다. 삶의 고통과 생채기, 후회도 사라지고 순결한 마음으로 자리하는 순간이다. 아마도 선인은 중생들이 이런 마음으로 돌아오길 원했는지도 모른다.

용장사곡 삼층석탑(보물 제186호)

용장사곡 석조여래좌상(보물 제187호)

삼릉계곡 제2사지 석조여래좌상

삼릉계곡 마애석가여래좌상

산길을 조금만 내려가면, 보기 드문 석탑이 기다린다. 석상 앞에서 탄식조의 '아~~'를 길게 소리 내지 않을 수 없는 안타까운 장면에 부닥치리라. 형상의 단면은 감동에서 우러나온 소리일 테고, 다른 한 면은 깊은 곳에서 끓어오른 애달픈 곡성에 가까우리라. 시구처럼 눈을 비벼서라도 눈물을 흘려야 하는가. 예감한 마주보기다. 눈물을 글썽거리며 허허로운 탄식은 이 때문이다. 대좌 위 석가여래(용장사곡 석조여래좌상, 보물 제187호)의 목이 잘려 나간 형상이다. 고개를 들어 하늘을 우러르니 왜 이토록 하늘은 짙푸른가. 자연 암반 위에 원반의 돌을 층층이 쌓아 올린 원탑이 주변 풍광과 조화롭다. 그런데 탑 위에 대좌한 얼굴을 잃어버린 석가여래상. 신은 정녕코 인간들이 하는 꼴이 보기 싫어 하늘에 얼굴을 묻고 계시는지도 모른다.

산길을 내려오며 마음의 여백에 편지를 쓴다. 자발적 고독의 산객은 두 발로 문자를 적는 양 걸음이 허정거린다. 마음에 일 필휘지 못 하고 글자 또한 해독할 수가 없다. 매번 그렇듯 부질없는 감정에서 헤어나지 못하고 방황한다. 이제 '남은 생은 낯선 곳에서 헤매지 말기, 하고 싶은 일은 눈치도 보지 말며 미루지도 말기다.' 주문을 외듯 적어 내려간다. 바둑 바위에서 그대에게 편지를 부치듯 내 마음을 관장하는 신에게 간곡한 편지를 부친다.

천년의 미소를 그리며
- 전남 화순 천불산 운주사

일주문을 들어서자 두 갈래 길이다. 사람들은 고민 없이 포장된 길로 유유히 걸어간다. 우리는 어느 것도 놓치고 싶지 않은 마음에 풀밭을 선택한다. 멀리 오종종히 자리한 석불을 본 것이다. 운주사도 경주 남산만큼이나 다양한 석불이 존재한다. 사찰 초입에 한 줄로 세워 놓은 석불이 그 증거이다. 풀밭 가장자리에는 출처와 내력도 모르는 석불이 여러 형상으로 존재한다.

일 미터 남짓한 모로 누운 석불 앞에서 멈춰 선다. 눈높이에 맞춰 나도 덩달아 풀썩 주저앉아 톺아본다. 시선은 머리에 한쪽 팔을 괸 얼굴에서 모로 누운 석불의 등허리를 따라 더듬는다. 마치 여인이 누운 모습처럼 부드러운 곡선의 흐름이다. 이어 은근한 석불의 미소에 사로잡힌다. 석불이 누워있는 곳은 애초의 자리가 아니다. 아마도 산 중 어딘가에 떠돌다가 여기까지 온 것이다. 그러니 어떤 표식도 없이 풀밭에 줄 세워 놓은 것이 아닌가.

바로 옆 석불도 같은 사람이 조각한 것 같은 분위기이다. 상체를 약간 앞으로 웅크린 듯 구부정한 형상이 정겹다. 오른편 눈은 감은 듯하고 왼편은 약간 치켜 올라가 실눈을 뜬 듯하다. 만면에 익살스러움이 번진다. 목 부근에서 가슴까지 옷 주름이 잘 표현되었고, 가부좌를 튼 형상인 것 같으나 아랫부분은 황급히 조각을 마친 것처럼 엉성하다. 석불은 두 손을 가사 앞자락에 모으고 누군가에게 재미난 이야기를 들려주는 할아버지의 모습 같다. 해학이 넘치는 두 석불은 선으로 이어진 단순함의 미학이다. 애초 보고자 했던 건 와불인데 나는 두 석불의 미소에 반하여 떨어지지 않는 발길을 돌린다.

와불을 버킷리스트에 넣어 가슴에 품고 있었다. 핑계처럼 들릴지 모르리라. 와불이 눈앞에 풍경처럼 그려지지만, 전남 화순은 하루 코스로 거리가 멀다. 밥벌이가 우선이니 차일피일 미루다 오늘에야 닿은 것이다. 막연히 마음에 와불을 보고 싶다고 꿈을 키운 건 정호승 시인의 〈풍경 달다〉란 시詩 덕분이다. '운주사 와불님을/ 뵙고 돌아오는 길에/ 그대 가슴의 처마 끝에/ 풍경을 달고 돌아왔다// 먼 데서 바람 불어와/ 풍경 소리 들리면/ 보고 싶은 내 마음이/ 찾아간 줄 알아라.'

내 발로 달려가 확인하고 싶었다. 그대 가슴에 단 청아한 풍경 소리도 듣고 산 정상에 누운 마애불도 보고 싶었다. 그러나 마음에 그린 와불과 실제의 마애불은 달라도 너무 달랐다. 하늘을 향하여 누운 석불은 거구의 장신이라 한눈에 들어오지

운주사 모로 누운 석불

운주사 와불(너비 10m, 길이 12m)

도 않았고, 밀려드는 관광객과 가로막에 걸려 석불의 표정을 제대로 살필 수가 없었다. 무엇보다 석불은 한 분이 아닌 두 분이 나란히 누워계셨다. 시인의 시어처럼 진한 그리움과 애잔함이 가슴에 느껴지질 않았다. 보고 싶다는 막연한 그리움이 만든 서정에 빠져 기대감을 키웠던가 보다.

와불은 전각도 없이 햇볕이 내리쬐는 하늘 아래 누워계셨다. 비가 오나 눈이 오나 온몸으로 고스란히 맞아야 했다. 그나마 주위에 다문다문 서 있는 소나무가 있어 외롭지 않다고 말해야 하는가. 시인의 말처럼 와불은 그 흔한 처마 지붕 하나 없어 그대 가슴에 풍경을 달만 하였다. 풍경 소리 또한 마음의 귀를 기울여야 들을 수 있을 것 같았다. 사람들은 거구의 마애불이 벌떡 일어서는 날 세상은 천지개벽 된다고 믿거나 말거나 한 이야기를 하였다. 세상이 바뀐다고 인간들의 소소한 일상이 달라지랴. 와불은 유구무언인 양 한일자로 눈을 지그시 감고 입을 굳게 다물고 있었다.

문득 서산에 마애삼존불이 떠오른다. 화순의 마애불과는 분위기가 전혀 다르다. 특히 마애불의 미소는 계절에 따라, 아니 시간의 흐름에 따라 달라진다고 이지누 작가는 말한다. 동살이 비치는 마애불의 미소를 보고자 어둑한 새벽 산허리를 여러 번 올랐다고 설명한다. 부처가 그 은근한 미소를 아무에게나 허락하랴. 나 또한 마애불의 표정을 서너 번 보았지만, 어떤 특별한

서산 마애여래삼존상(국보 제84호)

점을 발견하지 못했다. 세심한 관찰과 노력 없이 얻어지는 것이 없다는 걸 보여주는 예가 아닌가 싶다.

  사진 속 동살이 비친 마애불의 미소는 확연히 다르다. 표정이 살아 온기가 느껴지는 듯하다. 마애불의 표정은 세상의 근심 걱정은 하나 없는 듯 자애로운 미소 그 자체이다. 마애불을 조각한 장인은 지리적 위치는 물론 동살이 비친 표정을 섬세히 고려한 것이다. 시대의 아픔에 굴복하지 않고 은근과 끈기로 정을 내리치던 선인의 모습이 그려진다. 백제 시대에도 석불의 표정을 한없이 바라보았으리라. 후인도 같은 시선으로 바라보고 있으니 참으로 놀라울 뿐이다.

 마애불은 오랜 역사와 문화의 뿌리를 담은 형상이다. 불굴의 정신과 얼이 서린 천년의 미소를 어디에서 볼 수 있으랴. 바로 한국인의 미소가 아닌가 싶다. 이빨이 드러나지 않은, 웃음소리가 나지 않는 은근한 미소. 너무 헤프거나 억지웃음이 아닌 자애로운 표정은 보기만 해도 마음이 환해지는 미소이다. 한반도란 좁은 땅덩어리 안에서 삼국이 전쟁 중이니 서민은 제대로 말조차 못 하고 피멍 든 가슴을 드러내지 못하던 상황이 아니었을까 싶다. 서민의 애환을 풀어주고 싶었으리라. 석공의 간절한 염원이 빚어낸 마애불의 미소는 바로 우리네 정서를 절절히 담고 있다.

 석불을 바라보면, 먼저 눈매와 입매가 시선에 닿는다. 어떤 표정을 짓고 있는지 톺아보는 버릇이 있다. 요즘 너나없이 힘든 시기라고 말한다. 어려운 시기는 지난 시대에도 있기 마련이다. 시공간을 초월하여 모로 누운 석불의 미소가 대변해 주고 있는 건 아닌가 싶다. 아마도 장인은 삶의 애환을 독특한 형상에 석불의 해학적 미소로 마음의 여유를 가지길 원했으리라. 그의 염원대로 석불 특유의 미소에 반하여 삶을 돌아보고 사유에 들었으니 무엇을 더 바라랴. 이것이 바로 석불이 꿈꾸는 새로운 세상이리라.

4

등 돌리면 이내 그리운 절터

법천사지 살아 있는 화석, 느티나무

리면 이내 그리운 절터 사유의 방에서 스릴 수도 있어
이 낳은 미학 산사에서 절집에서 스릴
자의 처소에서 등 돌리면 은자의 수도
사,가 보면 압니다. 이내 그리운 절터 있어
산사

어떤 티끌에도 물들지 않은 무염선사
– 보령군 성주사지聖住寺址에서

 폐사지에선 육안으로 보이지 않는 것이 많다. 눈에 보이는 거라곤 석탑 몇 기와 건축물의 기초인 주춧돌. 그것들을 감싸는 소나무 숲과 들풀, 빛 한 점 없는 무거운 하늘과 나무다. 맨눈으로 볼 수 있는 것이 거의 없어 절터가 무료할 수도 있다. 절터는 마음으로 읽어내야만 한다. 아니 눈을 감고 기운을 느껴야 한다. 건축물이 사라진 드넓은 절터에 관한 역사나 문화 정보가 없으면, 무엇이 중요한지도 모른다. 아무것도 모르고 이 자리에 서 있다면, 폐허 그 자체일 뿐이다.

 돌연 성주사지(사적 제307호)를 찾은 것이 태풍 전야다. 태풍의 무게만큼 묵직한 정적이 깔려 있다. 하도 적요하여 귀 기울이지 않아도 들풀을 스치는 바람 소리가 스산하다. 드넓은 주차장에 자동차를 대고 쏜살같이 눈앞에 석등을 지나 금당 터로 탑으로 절터를 쏘다닌다. 바람결에 머리를 풀어 헤친 들풀도 나의 발도 미친 듯 달린다. 이미 미쳐버린 바람이 거세어져 빗방울이 얼굴에 한두 방울 스친다.

 카메라 렌즈 속에는 3기 석탑 뒤로 고개를 숙인 듯 오롯한 석불이 보인다. 어쩌면 나는 들풀을 헤치고 석불을 향하여 달려온 것이다. 고개를 숙인 것이 아니라 아무것도 할 수 없도록 손발이 묶인 양 처연한 모습이다. 눈이 없어 그대가 다가와도 볼 수 없고, 코가 없어 당신의 향기를 맡을 수도 없다. 또한, 입이 없으니 그대를 위해 축언도 할 수가 없다. 뭇사람이 보기에도 애석한 얼굴의 중요 형체를 잃은 석불. 불상의 시선은 금당 터를 바라보는 듯하다. 석불은 언제부터 묵묵부답인 모습으로 자리를 지키고 있었던 것일까. 아마도 이곳을 스쳐 간 당자만 알리라.

구산선문九山禪門 중 하나인 보령 성주사지는 하나의 금당과 석탑 4기의 독특한 형식이다. 날렵한 오층석탑(보물 제19호)은 석가여래사리탑이다. 풀리지 않는 수수께끼의 석조유물인 삼층석탑은 각각 정광여래, 가섭여래, 약사여래의 사리탑이다. 탑 뒤로 석불이 서 있다. 그리고 정면에서 왼쪽 모서리에 낭혜화상탑비郎慧和尙塔碑(국보 제8호)가 있다. 탑비의 비문에는 낭혜화상 무염無染의 행적을 최치원崔致遠이 장문으로 지었고, 글씨는 사촌 동생인 최인연崔仁渷이 썼다. 최치원이 지은 사산비문四山碑文의 하나로 신라의 골품과 고어를 연구하는 자료로서도 귀중하단다.

폐사지를 주로 돌아보고 글을 쓰는 이지누 작가는 낭혜화상에 관하여 이렇게 적는다. '전율이 일도록 아름다운 말을 서슴지 않았던 낭혜화상(801~888)은 세상의 그 어떤 티끌에도 물

보령 성주사지 오층석탑(보물 제19호)

성주사지 낭혜화상탑비(국보 제8호)

성주사지 석불

들지 않았다는 무염선사다. 그는 수행하는데 금강석과 같은 단단함으로 무장된 단호한 힘을 지닌 사람이다. 그것이 수행자의 으뜸 된 자세라고 그의 말에서 뜨겁게 다가온다.'

   대개 나와 같은 것을 한다고 해서 옳은 것은 아니고, 나와 다르다고 해서 그르지는 않은 것이다. 마음을 편안히 가지고 생활하며, 교사巧詐한 마음을 버리는 것, 이것이 수도하는 사람의 행동에 가까울 것이다. 그 말은 분명하니 그대로 따르고, 그 뜻은 오묘하니 그대로 믿으라. 도道를 부지런히 행할 뿐 갈림길 속의 샛길은 보지 마라.

                                                                          - 낭혜화상 비문에 적힌 글귀 중에서

  그의 말대로 '지위고하를 막론하고 비구와 비구니, 재가 신도들인 우바새와 우바이도 같이 부처님의 말씀을 따르는 자들이라면 누구라도 앞다투어 되새겨도 모자람이 없는 따끔한 가르침이다.' 폐사지에는 부서지고 깨진 석조유물만이 남은 건 아니다. 비문에는 선사들의 생각과 행보가 영화로웠던 그날을 재현한다. 빈 절터는 눈에 보이지 않는 것들을 일으켜 세워 헤아리는 곳이다.

  향화가 사라진 도량에 비문 글 한 줄이 촛불처럼 빛난다. 폐사지에 남은 구산선문의 불교사상과 선사의 탑비는 후인에게 귀한 말씀을 전한다. 어디 그뿐인가. 자연은 나에게 거저 많은 걸 깨닫게 한다. 앞 뒷산의 부드러운 능선의 상록수 소나무 숲을 배경으로 정강이까지 푹푹 빠지는 들풀과 개망초와 누런 강아지풀이 승무를 추는가. 전각이 사라진 폐사지의 하늘은 대지와 하나인 듯 마주하고 있다. 바람의 변주곡으로 시시각각 하늘의 빛깔도 변하고 나뭇가지의 흔들림도 자유롭다. 내 마음속에서 갈구하는 자유를 들여다보는 듯 하염없이 쳐다보다가 끝내는 절터에 주저앉는다. 누군가의 말대로 바람이 그린 백제의 산수문전山水紋塼처럼 성주사지의 '바람도 돌도 나무도 산수문전'만 같다.

어디 폐사지에서만 그러할까. 우리가 사는 세상도 보아야 하는데 때론 못 본 척 아니 정녕 보이지 않는 것들이 있다. 당신이 마음을 열지 않으니 생을 다하도록 볼 수 없다고 폐사지는 말

보령 성주사지(사적 제307호)

하는 듯싶다. 절터를 찾아보는 일이 그리 급한 일도 아닌데 급히 달려온 이유는 무엇일까. 폐사지에서 무엇을 얻고자 이토록 갈급하는가. 아마도 잃어가는 본연의 정체성을 찾아가는 과정일 것이다. 구태의연한 일상을 떠나 내 속에 진정한 모습을 보기 위함이다.

혼자 걸어가는 길은 없다. 빈 절터에는 앞서간 이들이 명상에 들거나 면벽 수행에 든 수도승이 앉아 있다. 자식을 위하여 두 손이 닳도록 우리네 어머님은 신께 간구하고 있잖은가. 내가 걷고 있는 이 길은 과거에 누군가가 걸었으며, 현재도 미래에도 걸어가리라. 과거든 현재든 모든 사람이 정신적으로 연결되어 당신과 함께하고 있다. 무염선사는 어떤 선을 긋지 않고 과거 현재 미래의 모든 부처가 함께 명상한다. 신라 말의 선승인 수철 화상탑비의 '참선에서 꽃술을 드날리고 화엄에서 향기를 모으셨다.'라는 글 한 줄처럼 부디 정진하여 마음속 바람을 잠재울 일이다.

등 돌리면 이내 그리운 절터
- 경남 합천군 영암사지

　주변을 떠돈다. 폐사지에 모인 사람들 속에서 나는 또 혼자다. 무엇을 찾고자 이리 겉도는가. 관람객이 금당 터와 석탑 주위를 맴돌 때 나는 멀리서 관망하듯 절터를 바라보고 서 있다. 이어 마음을 움직인 대상을 카메라에 담는다. 나의 기억을 믿지 못하기 때문이다. 이곳의 형상이 기억에서 잊히는 것이 두려워 카메라 렌즈로 기록한다. 현재 영암사지 쌍사자 석등 지근거리에 서 있다.

　광활한 절터 곳곳에 남은 석조물이 그 시대의 역사와 문화를 대변하고 있다. 폐사지 중 온전하게 남은 금당 터, 동서남북 사방에 남은 보기 드문 섬돌과 가릉빈가를 표현한 소맷돌, 수미단이었을 법한 자리의 지대석에 새긴 외호 신장, 단을 높인 석축에 우뚝 세운 쌍사자석등, 금당에 앉아 계신 부처님과 시선을 같이 한 삼층석탑 등이다. 우리가 맨눈으로 본 것이 전부일까. 그렇다고 고개를 바로 끄덕인다면, 선사는 석공의 숨결을 느끼지 못하였다고 묵묵부답하리라. 아니 먼 산의 황매산을 바라보고 있을지도 모르리라.

　사람들은 영암사지를 말할 때 황매산 이야기를 빠뜨리지 않는다. 절터가 등진 눈부신 골산이 워낙 빼어나기 때문이다. 산이 그리우면, 차라리 해 질 녘 눈부신 억새밭이 명품인 황매산으로 향하길 바란다. 폐사지에서 아름다운 풍경을 논하면, 어불성설이다. 그 전경이 방해되어 절터의 진정한 모습을 바라보지 못하고, 수많은 전각이 사라진 절터가 공허하고 초라해 보이리라. 절터에 머물다간 선인의 숨결과 당대의 문화가 수려한 배경에 가려 보이지 않을 것이다.

온몸으로 품을 수 있는 쌍사자석등이 어디에 또 있으랴. 대부분 소중한 국보와 보물은 전각 안에 들여 보호하거나 박물관으로 옮겨져 있다. 그도 그럴 것이 문화재의 도난, 도굴로 사라진 우리의 전통문화 유산이 얼마인가. 영암사지 쌍사자석등도 1933년경 일본인들이 가지고 가려다 들켜 가회면사무소에 보관하였다가, 1959년에 원래의 자리에 복원하였단다. 사자 다리의 훼손과 석조물이 쓸려 닳은 것은 이때 생긴 것으로 추정된다. 후인은 석등 앞에서 시공간을 초월한 소통과 가슴으로 품을 수 있는 거리에서 톺아보니 얼마나 행운인가.

불교에서 등을 밝히는 것은 공양 중에서 으뜸이다. 익산 미륵사지에서 백제 시대의 석등 파편이 출토되어 삼국시대에 이미 석등이 만들어졌음을 알 수 있다. 불국사 대웅전 앞 석등이 하나의 전형이고 변주가 일어난 것이 쌍사자석등이란다. 두 마리의 사자가 가슴과 앞발을 맞대고 화사석을 떠받치는 기발한 구조의 쌍사자석등은 보은 법주사(국보 제5호), 광양 옥룡사

합천 영암사지 삼층석탑(보물 제480호)

합천 영암사지 쌍사자 석등(보물 제353호)

터(국보 제103호, 국립광주박물관), 합천 영암사터(보물 제353호), 그리고 하반부만 남은 공주 대통사 터의 쌍사자석등(국립공주박물관) 등 4기가 있다.

그중에 영암사지에 남은 석조물은 석공의 해학과 위트의 기질이 느껴져 절로 미소가 지어진다. 금당 터 단에 새긴 수호석 조각은 마치 유년 시절 키우던 삽살개 모습 같아 친근하다. 두 사자는 화사석을 온 힘을 다하여 들어 올리느라 뒷다리에 힘을 주어서인지 근육질의 엉덩이가 위로 올라간 듯 탱탱하다. 풍화에 퇴색한 화강암의 빛깔이 더욱 그렇게 보이게 하는 것 같다. 사자의 몸매는 날씬하고 사지나 근육의 표현이 리얼하여 사자를 세밀히 톺아본 석공의 솜씨이다.

유홍준의 『국보순례』, 영암사터 쌍사자 석등 편에서 '쌍사자 석등이 조각적으로 대성공을 이룬 것은 두 마리 사자의 뒷다리와 앞발 사이를 깎아낸 공허공간空虛空間의 구사에 있다'라고 적는다. 그러니까 1,200년 전 석공이 온전한 바윗덩어리의 중앙을 훌륭히 파내고 세밀하게 다듬는 기술적 조각을 능숙하게 해냈다는 의미이다.

공허공간에서 놓치지 말아야 할 시선은 그 공간으로 들어온 무던하고 소박한 삼층 석탑과 광활한 절터 그리고 멀리 내려다 보이는 평화로운 마을이다. 보물급 석조물 앞에서 우스갯소리를 하느냐고 할지도 모른다. 두 마리 사자의 뱃살이 날씬하게 들어간 여유로운 공간은 마치 전망 좋은 집에 자연을 바라볼

영암사지에 남은 석조물

수 있는 창을 달아둔 격이다. 다른 두 곳의 쌍사자 석등은 전각들 사이나 박물관 안에 자리하여 영암사지의 석등처럼 자연스러운 풍경이 덤으로 주어지지 않는다.

사자는 불교의 신성한 영물이다. 부처의 설법을 모든 짐승이 두려워하여 사자의 울음에 비유한다. 그런데 영암사지 쌍사자는 허벅지의 근육을 내놓고 딴전이다. 정녕코 정글의 왕인 사자가 사자답지 않다. 어쩌면, 언덕 위로 바위를 밀어 올리는 시지프스의 형벌처럼 사자도 깨달음을 얻고자 수행 중인지 모른다. 석등에 밝힌 염원의 불꽃이 바람에 꺼질까 봐 앞 다리와 뒷다리에 힘을 줘 화사석을 받들고 있다. 석등에 사자가 인도, 중국, 일본의 불교 조각에 두루 나타나지만, 쌍사자 석등은 세계 어느 나라에도 없다. 그래서 영암사지 쌍사자 석등이 독창적 석조물이다.

나는 오늘 무엇을 얻으려고 여기에 자리하는가. 노자는 도덕경에 '얻으려고 하면 오히려 실패하고 지키려고 하면 오히려 잃는다爲者敗之 執者失之'라고 하였다. 영암사지의 사자도 그러할 것 같다. 노자가 말한 집착하지 않음에 닿아 있다. 인간은 수행자가 아닌 이상 현재의 자리에 연연하고 물질의 욕망에 시달리며 생명 연장에 집착하게 된다. 삶에 집착하지 않으면 죽음도 없다. 죽어도 죽지 않는다는 성인의 말씀과 상통한다.

  오늘도 만행漫行에서 깨달음을 얻는다. 지친 일상에서 벗어나 혼탁한 머리를 비우며 내가 살아가는 이유를 자문한다. 한 시대를 아울렀던 절집은 사라지고 곳곳에 흔적만 남은 폐사지에서 위로를 받는다. 아니 공적空寂 앞에서 텅 빈 충만을 느낀다. 분별과 집착에서 벗어날 수 있는 이곳이 바로 피안이다. 이제 돌아갈 시간이다. 쌍사자 석등의 불빛이 세상으로 돌아가는 길을 비추는 듯하다. 등을 돌리니 이내 절터가 그리워진다.

익산 왕궁리 오층석탑(국보 제289호)

익산 왕궁리 유적을 따라 걷다

마한, 백제의 꽃밭 금마를 찾아
– 익산 왕궁리유적, 쌍릉, 미륵사지

익산 왕궁리 오층석탑 앞에서

석탑 앞으로 나아가며 오늘도 같은 상념에 빠진다. 그날도 오늘처럼 바람이 강하게 불고 벚나무는 가을 없이 겨울인 양 나목으로 서 있다. 석탑 주변 벚나무에 벚꽃이 하얗게 흐드러지면, 폐허지가 이토록 황량하고 쓸쓸하진 않았으리라. 폐허지는 백제사 수수께끼를 푸는 열쇠이다. 거대한 왕궁과 대사찰이 흔적 없이 스러지고 그 자리에 농사를 짓다가 후인은 뒤늦게 백제의 역사와 문화를 찾아 헤매는 중이다.

익산 왕궁리유적은 인접한 미륵사지彌勒寺址와 함께 최대 규모의 백제 유적으로 꼽힌다. 면적의 크기를 떠나 왕궁리유적이 관심을 받는 이유는 백제의 왕도였다는 왕도설과 백제 후기 익산 천도설 등의 역사적 가설에 뒷받침이 되는 유적이기 때문이다. 실명제 기왓장에서 섬세한 장인의 정신을 엿보고 과학적인 화장실 정수시설과 정원 유적에 놀란다. 청주 문화인은 소박하되 누추하지 않고, 화려하되 사치스럽지 않은 정전을 지나 후원을 거닐고 있다. 지난 파란만장한 역사가 정처 없는 바람도 서러운지 후인의 두 눈에 눈물을 흐르게 한다.

　백제 왕궁지를 두루 돌아 다시 오층석탑(국보 제289호) 앞이다. 조선 시대 말기에 간행된 익산읍지인 《금마지金馬誌》에 '왕궁탑은 폐허가 된 궁터 앞에 높이 10장으로 돌을 쌓은 것이다. 속전에는 마한시대에 만들었다고 한다.'라고 전한다. 이전에는 흙으로 만든 받침을 둔 희귀한 석탑으로 알려졌지만, 1965년에 해체 보수하며 원래 돌로 만든 받침을 갖추었음이 밝혀져 원래의 모습대로 복원되었다.

　왕궁리 오층석탑은 참으로 거대하고 장엄하다. 하늘을 우러러 바라보아야 지붕돌을 가늠할 수 있는 석탑이다. 탑의 크기가 사찰의 규모를 상상하게 한다. 백제의 탑인 정림사지 석탑과 형태가 비슷해 보이지만, 그 크기는 어느 탑과 비교할 수 없을 정도로 웅장하고 담백한 멋이 있다. 선인은 무엇을 빌고자 이토록 웅장한 탑을 세웠을까. 누구라도 석탑 앞에 서면 한없이 작아지는 자신을 발견하리라. 석탑에서 멀어지며 벚나무 아래서 잠시 서성거리며 상상한다. 벚꽃이 흐드러진 나무에 휩싸인 고탑古塔을 머릿속에 그리며 떨어지지 않는 발걸음을 쌍릉으로 향한다.

　백제 왕릉 앞이다. 둥그런 무덤 앞에서 무덤 주인에 관한 이야기를 나눈다. 사실에 근거한 역사와 문화유적도 중요하다. 하지만, 그 사실로 전설이나 설화가 없어지는 건 안타까운 일이다. 쌍릉의 주인이 무강왕과 왕비의 능이든 백제 무왕과 선화비의 능이든 좋다. 더불어 무왕과 선화공주의 아름다운 고대 설화는 대대손손 이어갔으면 하는 바람이다. 적어도 설화는 감성과 상상력, 창조 정신을 높이지 않던가. 인간이 목숨을 유지하고자 밥을 먹듯 정신도 문화란 밥을 주어야 하지 않을까. 세상은 뫼비우스의 띠처럼 돌고 도는 것. 우리의 삶의 모습과 흔적 또한 먼 훗날 유적과 유물로 남으리라. 후대에 부끄러운 모습을 남기지 말도록 온고지신溫故知新으로 나아가야 하리라.

익산 미륵사지에서

미륵사지는 백제시대 동양 최대의 대가람으로 백제 무왕 2년(601년)에 창건되었다고 전해진다. 무왕과 선화공주의 설화로 유명한 사찰이라 더욱 의미가 깊다. 17세기경에 폐사되었으며, 현재는 반쯤 파손된 서탑과 당간지주 등 일부가 전해진다.

미륵사 절터 서쪽에 위치한 백제의 석탑이다. 한국에서 가장 크고 오래된 석탑으로 중국에서 전해 내려온 목탑 양식을 석재로 바꾸어 표현한 것이다. 현재 6층의 탑신이 남아 있으나 일부가 붕괴하여 시멘트로 보수한 상태이다. 일제의 시멘트 보수가 눈에 거슬리나 그 덕분에 탑이 유지될 수 있었다니 아이러니가 아닐 수 없다. 잠시 숨을 고르며 탑 앞에서 신동엽 시인의 시詩를 읊는다.

정비 중인 미륵사지와 미륵사탑

미륵사지 당간지주(보물 제236호)

마한, 백제의 꽃밭/ 금마를 찾았다// 언제였던가/ 가을걷이 손 털고/ 재작년 늦가을/ 진아는 하늬의 손가락 끼어/ 미륵사탑 아래/ 그림으로 서 있었지// 그날은/ 저 탑 날개/ 이끼 위/ 꽃 잠자리가/ 앉아 있었다.

-신동엽 시인의 〈금강〉 제19장에서

눈앞에 시어처럼 늦가을 그림 같은 풍경이 그려진다. 현재 미륵사탑에는 시구처럼 푸른 이끼와 진아의 그림자 흔적도 없다. 꽃잠자리가 날아들 환경은 더욱 아니다. 마침 미륵사탑 복원 마지막 날이다. 탑은 내일부터 성성했던 백제 그날의 모습으로 우뚝 서리라. 세월은 또 그리 무심히 흐를 것이고 탑 위에 더께도 앉으리라. 저 탑 날개에 꽃잠자리가 노니는 장면이 눈앞에 선하다. 아이들이 탑을 중심으로 서동요를 부르며 뛰노는 평화로운 일상도 보인다. 미륵사탑 앞에서 백제인이 비손하였던 미래의 그날이 펼쳐지길 고대하며 미륵사지를 서서히 걸어 나온다.

오만한 법천사지에서
- 강원도 원주시 법천사지

  나목은 지금쯤 신록이 무성하리라. 줄기에 구멍이 뚫리고 옹이로 덮여 죽은 듯 홀로 선 고목, 느티나무 근황이 궁금하다. 나무 주변에는 흔한 돌탑도 전각도 없어 쓸쓸하다 못해 눈물이 날 정도로 횅한 분위기이다. 콜롬비아 소설가 마르케스의 '흐르는 시간은 모든 것을 황폐화한다.'라는 말처럼 흘러간 시간 뒤에 차가운 잔해만 남아 있다. 융성했던 사찰도 수많은 수도자도 시간이란 절대 권력 앞에 무력하다는 걸 확인시킨다. 순례자는 수난의 역사를 바라보듯 광활한 원주 법천사지法泉寺址(사적 제466호)의 바람을 호되게 맞고 서 있다.

  바람을 맞고자 작정하고 나선 길이다. 폐사지는 바람이 횡행해야 제 느낌이 든다는 일념으로 일행을 이끈다. 허허벌판에서 무엇이 남아 있길 원하는가. 드넓은 절터는 유적의 흔적을 복원하느라 사정없이 들춰진 채이다. 기왓장 조각들이 여기저기에 널브러져 있는 모습이 예사롭지 않다. 그래, 우리만 모르고 있을 뿐이다. 바람의 움직임을 가장 먼저 알려주는 것이 나무가 아니던가. 온몸으로 바람을 저항하며 나무 앞으로 나아간다.

방금 전 지광국사탑비 앞에서도 보이지 않았던 눈물이 흘러내리는 것이 아닌가. 이어 콧물도 훌쩍거린다. 주책없는 감정은 왜 이리 적정한 때를 가리지 않는가. 나무로 향하는 길이 열반에 드는 길인가. 눈물이 떨어진 발밑이 바로 세속을 벗어나는 문, 해탈문이지 싶다.

느티나무 뒤쪽이 바로 금당 터, 부처님을 모신 대웅전이리라 추정한다. 발굴 전에는 나무를 중심으로 길이 났고, 주변에는 농가가 머물던 터다. 방금 전 절터의 초입인 법천사지 당간지주(문화재자료 제20호, 통일신라) 주변에 냉이가 지천으로 깔려 환호성을 보내지 않았던가. 냉이 다음에 이 터를 장악할 자 누구인가. 우주의 터는 이렇듯 동식물이 돌고 돌다 어디론가 사라지는가. 그렇다면, 여기 오래 묵은 느티나무는 과연 인간의 삶을 몇 세기나 지켜보고 있었던 것일까. 누군가 절터를 찾아와 이 자리에서 존재의 물음을 물었듯 나와 같은 호흡을 했을지도 모른다. 조금 전에 뵙고 온 지광국사의 탑비와 생애를 보고 들은 감동의 여운으로 이어진다.

얼마 전 읽은 이내옥의 『안목의 성장』이란 책에 오만한 박물관으로, 일본 교토 산속 깊숙이 자리한 미호박물관을 소개한다. '산속에 꼭꼭 숨겨진 보석과 같은 박물관, 겨울철이면 아예 휴관해 버리는 박물관'이다. 무릇 '도화원기'에 나오는 무릉도원처럼 이 박물관을 찾은 '소수의 사람에게 낙원의 즐거움을 느끼게 하겠다.'라는 의미이다. 그리고 미호박물관 설립자가 추

원주 법천사지 지광국사탑비(국보 제59호)의 용두와 거북등

원주 흥법사지 진공대사탑비(보물 제463호)

구한 안목의 정신이 남다르다. '훌륭한 것들을 많이 보아라! 이류나 삼류가 아닌 최고의 것들을 보게 되면, 당신은 점차 훌륭한 것에 눈이 뜨일 것이다.' 안목을 높이는 훌륭한 것 중 하나가 바로, 원주 법천사지 지광국사탑비原州 法泉寺址 智光國師塔碑 (국보 제59호)를 두고 하는 말이다.

정녕코 산속 깊은 곳에 숨겨두고 혼자 보고 싶은 탑비이다. 법천사지法泉寺址는 방금 전에 눈물 콧물을 흘리게 하더니 이제 탑비로 나의 영혼까지 사로잡는다. 우리나라 최대의 사찰로 여겨지는 법천사에는 적어도 삼천 명의 식솔을 거느렸을 것이라 예상한다. 모든 것은 스러지고 절터 동쪽 산자락 지광국사탑비 앞에서 인간의 생명력 넘치는 예술적 영감의 위대함을 느끼는 순간이다. 오석에 새긴 용의 발톱은 금방이라도 할퀼 자세에다 그의 꼬리는 하늘로 승천할 기세이다. 탑비의 용두도 남다르다. 길고 긴 목이 솟아오르게 조각되어 기존 탑비의 용두에 없는 턱 지지대가 있을 정도다. 기존의 틀에서 벗어난 독창성 넘치는 용두이다. 무엇보다 거북 등에 왕王자의 무늬가 무수하여 예사롭지 않다. 왕권에 버금가는 권력을 알리는 묘역인가. 지광국사를 왕과 다름없이 추존한 탑비처럼 보이고 여러 가지 추측이 난무하게 만드는 거북등무늬이다.

왕사의 길을 걷다 살아서 국사가 된 이가 몇이나 되랴. 후세에 남은 탁월한 탑과 탑비만 보아도 알 수 있는 위대한 위인이다. 지광국사는 이승에서 치세를 보더라도 모든 일을 진두지휘

陣頭指揮했으리라 추정한다. 옛말에 '십 년 가는 권력 없고, 열흘 붉은 꽃 없다.'라는 말이 있지 않던가. 제아무리 나라를 움직이고 대규모의 법천사지를 세웠어도 부귀영화는 오래 지속되지 못함을 눈앞에 텅 빈 절터가 말해주고 있다.

원주에 이름난 폐사지가 세 곳이다. 법천사지와 거돈사지 그리고 흥법사지이다. 법천사지(사적 제466호)와 거돈사지(사적 제168호)는 국가의 사적지로 인정되어 복원되었거나 복원 중이다. 흥법사지는 사적지로 지정되어 있지 않아 그런지 삼층석탑(보물 제464호)과 비문 없이 진공대사탑비(보물 제463호)가 초라하게 자리한다. 바로 곁에는 개인 집 담장이 사지의 돌무더기로 쌓여 있고, 밭에는 기와 파편이 수두룩하다. 선인이 머물다가 간 문

원주 법천사지 지광국사탑비

원주 거돈사지 원공국사탑비

화유산의 흔적과 유적지가 방치되어 안타까운 일이 아닐 수 없다.

 원주의 폐사지를 보려면, 법천사지를 먼저 들리길 권한다. 사찰 기행을 여러 해 하고 있지만, 아름다움에 대한 안목을 기르는 방법은 여러 가지이다. '이류나 삼류만 보았던 사람은 결코 최고를 이해할 수 없다.'라는 말을 실감한 원주 폐사지 기행이다. 올가을에는 수년간 심혈을 기울여 복원한 지광국사 탑이 100여 년 비어 있던 묘역에 안치한다고 하여 원주가 들썩거리고 있다. 국사의 탑은 우리 민족의 수난과 아픔이 고스란히 녹아든 상징물이라 더욱 의미가 깊으리라.

 바람이 분다. 나의 눈물을 거두어 간 오만한 법천사지의 바람이다. 이제 내가 머무는 세상으로 돌아갈 시간이다. 느티나무를 되돌아보며 사람이 먼저인가 나무가 먼저인가 묻고 싶지 않다. 절터에 홀로 선 나무는 아마도 이형기의 시어처럼 '앉지도 못하고 서서 천 년의 강물이 흐르도록' 순례자를 기다렸는지도 모른다. 하지만, 인간의 길은 시간의 가혹한 흐름 속에서 쉼 없이 걸어가야만 한다.

인간 군상을 닮은 오백나한
- 강원도 영월군 창령사 터

  꽃비는 날리고 새잎이 마구 돋는 날 성자 나한을 만나러 간다. 단단한 돌덩이 나한상과 신록의 봄은 어울리지 않는 계절이라고 잠시 생각한다. 박물관 전시 관계자는 죽은 듯 땅속에 묻힌 나한의 무구한 세월을 보상하려는 심리인가. 아니면 돌이라는 무생물에 생명의 봄기운을 불어넣고 싶었는지도 모른다. 예상 밖으로 성자들은 전시실에 해맑끔히 앉아 계신다. 마치 예전부터 있었던 사람처럼 질박하고 친근한 표정으로 후인을 맞는다. 나한들의 표정은 마치 21세기에 머무는 우리들의 초상을 닮은 듯 생생하다.

  돌로 조각한 나한상은 흔치 않다. 편양언기鞭羊彦機(1581~1644)가 『동사열전東師列傳』에 '본래는 아무것도 없는 것/ 어디메서 기쁨과 슬픔 이는가'라고 하였던가. 궁핍한 이 시대를 구제하듯 귀한 나한상이 600년 만에 대거 출현한 것이다. 2001년 강원도 영월군 지역 주민이 사찰을 지으려고 땅을 파다가 돌덩이들이 무더기로 발견되어 세상을 놀라게 한다. 어디에서 이토록 많은 인간의 군상을 닮은 오백나한의 초상을 보랴. 창령사

터에서 출토된 나한상은 고려 후기에서 조선 전기 불상의 특징을 보여주는 매우 중요한 석조 문화재이다.

현세가 얼마나 어지러우면, 오백나한이 나타나셨을까. 불교 경전에서 자주 쓰이는 '나투다'는 '나타내다, 현현顯現하다'라는 뜻이다. 부처가 깨달음을 주고자 자신의 모습을 사람들 앞에 나타날 때 사용하는 표현이다. 여하튼 인간의 노력이든 신의 기운이든 어떤 경로라도 좋다. 오백나한의 나투신을 문화계도 필자도 온 마음으로 환영한다.

나한은 부처의 가르침을 듣고 깨달은 성자聖者를 가리킨다. 공양받아 마땅한 자(응공應供), 복을 심는 밭(복전福田), 진리에 상응하는 자(응진應眞) 등으로도 불린다. 성자들을 함부로 다룬 것이 마음에 걸린다. 발굴 당시 목과 신체가 분리된 나한과 여기저기 깨진 나한이 많았단다. 땅속에 파묻으려면 고이 묻어 주든가 나한상을 난도질한 까닭이 무엇인가. 고의로 나한상을 훼손한 후 사찰을 폐사시킨 것으로 추정한다. 영월지방과 관련된 문헌 자료가 많지 않고 창령사 문헌 자료도 매우 희소하여 그 누군가가 어떤 일을 벌였는지 알 수가 없다.

귀한 보물을 곁에 두고 모르고 산 무량한 세월이 덧없다. 그래선지 고개를 잔뜩 수그리고 발굴하는 고고학자를 떠올리면 마음이 숙연해진다. '땅을 파며 인간은 경배할 수밖에 없는 존재 같다.'라는 말이 맞는 성싶다. 흙을 얼마나 팠느냐에 따라 유물이 나오니 중독성 깊은 작업이다. 다행히 출토된 깨진 기와

창령사 터, 다양한 표정의 오백나한

가운데 '창령蒼嶺'이란 글자가 새겨진 기와편이 확인되며 이곳이 '창령사蒼嶺寺'임을 알게 된다. 이곳에서 완형의 나한상 64점과 조각난 나한상의 머리와 신체 일부 253점 총 317점을 수습한다. 이 모두가 소중한 문화유산을 발견한 주민과 고고학자들의 밤낮없이 땅을 파는 부단한 노력이 낳은 결과물이다.

나한상을 아주 천천히 차례로 마주한다. 참으로 낯익은 얼굴이다. 바위 뒤에서 수줍은 듯 얼굴만 내민 나한은 동자승의 해맑은 미소를 보는 것 같다. 이마에 골이 깊은 주름이 서너 줄 그려진 나한은 인자한 할아버지 모습이고, 상심한 듯 잔뜩 고개 숙인 나한상은 직장 잃고 도시를 헤매는 우리네 아버지처럼 보인다. 해탈의 미소를 띤 수도승의 자비로운 표정의 나한은 바라보는 사람을 편안하게 한다.

나한상은 마치 인간의 군상만 같다. 이 시대를 온몸으로 살아가고자 애쓰는 인간의 갖가지 몸짓과 표정을 담고 있다. 돌에 새긴 둥글둥글한 형상에 나한의 표정은 믿어지지 않을 정도로 자연스럽다. 마치 인간 희로애락의 한순간을 정지시켜 놓은 듯하다. 나한에서 사람에 대한 그리움이 묻어난다.

화강암으로 조각된 나한상의 겉모습은 거칠고 투박하다. 하지만, 울고 웃고, 입술을 꽉 다물고 무언가 수줍고, 슬픈 표정도 짓는, 나한의 표정이 천진스럽다. 볼수록 정이 가는 매력이 있다. 눈과 코, 입에서 배어 나온 나한의 표정은 인간의 표정처럼 생생하여 반하지 않을 수 없다. 자유로운 표정과 이목구비의 표현이다. 이런 독창적인 나한의 초상을 어디에서 볼 수 있으랴. 석수장이 직업을 가진 소크라테스가 오백나한을 본다면, 자신의 태만을 반성하며 울고 가리라. 세상에 이처럼 아름다운 유물도 드물다. 석수는 어쩌자고 후인의 마음을 이토록 홀리는가.

 석수는 나한의 표정을 다듬고자 정과 끌로 쪼고 깎으며 무슨 생각을 했을까. 비슷비슷한 크기와 분위기의 나한들이다. 나한마다 간직된 정성과 사랑, 그리움과 회한의 정이 거룩하게 새겨졌을 생각을 하면 마음이 뭉클하다. 오백 분의 나한 작업에 몇 명의 석수가 참여했는지도 궁금하다. 만약 혼자였다면, 석수장이는 나한상을 조각하고자 당신의 생의 전부를 바쳤으리라. 아마도 각 존자의 조각을 면벽 수행하는 수도승처럼 참선하는 마음으로 돌을 쪼았을 것 같다. 오백나한상이 완성된 후 석수 또한 큰 깨달음을 얻어 성자로 다시 태어났으리라.

 전시실 중앙에 든다. 물방울 떨어지는 소리가 맑고 청아하다. 마치 적막한 토굴 속 천정에서 떨어지는 물방울 소리 같다. 수행하는 나한의 모습과 어울리는 소리이다. 눈을 감고 소리에 집중하니 물소리가 더욱더 선명하고 맑게 들린다. 절로 마음이 편안해진다. 국립중앙박물관에 전시된 김승영 설치 작가와 오백나한의 합작품이다. 빌딩 숲 하늘을 찌르는 듯 고층 아파트처럼 수많은 스피커를 쌓아놓은 그 중간에 나한을 배치한 것이다. 반대 방향으로 걸어가니 도시인이 수런거리는 듯하다. 인상을 쓴 나한에선 서로 다투는 듯 큰 목소리가 들리는데 마치 복잡하게 얽힌 사람들의 일상을 보는 듯하다.

  땅 아래 수만 겁 인연을 만난다. 어쩌면, 인간의 평생은 만남의 연속인지도 모른다. 인연의 대상을 생물과 무생물로 국한하고 싶진 않다. 오래된 문화유산에서 말을 걸어오는 느낌을 저버릴 수 없기 때문이다. 나는 지금 오백나한을 조각한 석수와 두서너 시간째 조우 중이다. 소중한 인연을 다시 볼 수 없다고 생각하면, 대상의 소중함이 절절해진다.

  수시로 나를 돌아보는 시간이 필요하다. 나는 지금 어떤 표정을 짓고 있을까. 나를 닮은 나한의 표정에서 마음이 선 자리를 알게 되리라. 순간 눈에 든 나한이 나를 향하여 고개를 돌려 빙그레 웃는 듯하다. 나한을 톺아보는 내 마음을 들킨 것 같다. 나도 그의 눈을 바라보며 웃어 주었다.

*참고문헌
국립춘천박물관 기획, 편저『창령사 터 오백나한, 당신의 마음을 닮은 얼굴』
국립박물관문화재단, 2018년 8월 27일

5

은자의 처소에서

고산이 차를 마시던 바위

마음으로 즐기며 홀로 서서는
– 남양주시 운길산 수종사

다산이 읊었듯 절간은 산머리에 위태롭게 붙어 있다. 하늘에서는 나무가 울창하여 산객의 모습을 찾지도 못하리라. 산길에서는 산객도 양쪽의 나무처럼 허리 굽혀 인사하며 오른다. 비탈진 산길을 수십 굽이 돌고 돌아도 절집은 보이지 않아 두렵기도 하리라. 하지만, 그들은 마음속에 해동 제일의 절경을 그리며 험난한 산길을 걷는 고통을 감내하는지도 모른다.

운길산 주변에는 다산 정약용의 생애와 묘소를 돌아볼 수 있는 유적지가 있다. 수시로 수종사에 오른 다산의 심상이 드러난 '봄날 수종사水鍾寺에 노닐다' 속으로 들어가 본다.

아스라한 강변에 어촌이 보이고/ 위태로운 산머리엔 절간이 붙어 있다.// 생각이 맑아지니 사물이 경쾌하게 여겨지고/ 몸이 높아지니 신선이 멀지 않구나.// 안타까움은 뜻 같은 길손이 없어/ 현묘한 도 찾는 토론 못 함이로다.

-〈봄날 수종사水鍾寺에 노닐다〉
(『여유당집』 권2, 1782년, 남양주 다산문화관 발췌)

다산은 햇살 고운 봄날에 배를 타고 수종사로 들었던가 보다. 산길에 갖은 기화요초를 바라보니 기분도 좋고, 골짝에 흐르는 물소리에 덩달아 즐거웠으리라. 위태로운 산머리에 오르니 시야가 탁 트여 가슴이 후련해지던가. 더불어 생각도 맑아지고 시선에 드는 사물도 경쾌하게 느껴졌으리라. 절집에서 가장 높이 자리한 산신각에서 바라본 절경에 절로 탄성이 흐른다. 오죽하면, '몸이 높아지니 신선이 멀지 않구나'라고 했으랴. 그러나 마음을 나눌 묵객이 없어 못내 아쉬웠던가 보다. 다산은 수종사를 오르며 자신의 심정을 차분히 시詩로 읊고 있다.

수종사는 '찻잔 속 물방울 하나가 종소리로 퍼져 중생을 깨운' 사찰이라고도 전한다. 전설에 맞물려 삼정헌三鼎軒이라는 다실을 지어 차 문화를 계승하고 있다. 수종사는 세조가 찾을 정도로 물이 좋아 차로 유명한 곳이고, 다선茶仙으로 불리는 초의선사가 정약용을 찾아와 아름다운 경치를 즐기며 차를 마신 곳이기도 하다. 필자 또한, 다산의 유배 일기 속에 언급되는 수종사가 궁금하여 찾은 것이다.

산 이름에 걸맞게 구름도 쉬어가는가. 운길산에 도착하니 주위가 희뿌옇다. 수종사는 '죽기 전에 꼭 가봐야 할 명소'로 손꼽힌다. 경내에서 바라본 두물머리는 남한강과 북한강이 내밀하게 한 몸이 되는 지점이다. 그 소식이 알려져선지 평일에도 강가에 사람들이 많다. 두물머리가 보이는 응진전은 조각彫刻이 독특한 18 나한을 모신 기도 도량이다. 이른 시간인데도 염원

수종사 대웅보전

수종사 팔각오층석탑(보물 제1808호)

수종사 사리탑(보물 제259호)

을 비는 사람이 여럿이다. 나한은 고통에 빠진 타자를 떠날 수 없는 사랑에 기도를 들어주느라 여념이 없다. 불가에선 모든 인연은 공空이라 하지만, 그들의 염원이 이뤄지길 두 손을 모은다.

경내 가장 푸른 전각은 바로, 대웅보전이다. 낡은 전각을 새 것처럼 푸르게 감싼 파초가 무성하다. 파초는 겨울이면 언제 푸르렀느냐는 듯 뿌리만 남기고 잎과 줄기가 허물어진다. 그 모습은 마치 인생무상처럼 느껴져 불가에선 깨우침의 상징으로 삼는 식물이다. 파초의 느낌과는 다르게 이 전각에는 부도전이 자리한다. 전각 왼편에 남양주 수종사 사리탑(보물 제259호)과 삼층석탑, 팔각오층석탑(보물 제1808호)이 톺아볼 전통 문화유산이다. 사리탑은 조선 태종의 딸 정혜 옹주를 추모하고자 제작한 승탑이다. 건립 시기가 분명하고 탑의 각 부분에 새겨진 문양이 우수하여 조선 전기의 사리탑을 연구하는 데 귀중한 자료란다. 오른편에 팔각오층석탑은 해체 과정에서 왕실에서 시주한 수십 기의 금동부처님과 진귀한 보물들이 쏟아져 나왔단다. 탑은 고려 팔각석탑의 전통을 잇고 조선 시대 유일한 팔각오층석탑으로 역사와 학술 가치가 높은 석탑이란다.

절집에 손님은 많아도 야단법석을 떠는 이는 보이지 않는다. 정녕 수종사는 수많은 시인 묵객과 시詩와 선禪, 다茶의 공간이다. 삼정헌三鼎軒에서 샘물로 우려낸 녹차를 음미하고 싶으나 객이 많아 마음뿐이다. 잠시 명상의 전각에 좌정하고 한강을 바라보며 숨을 고른다. 다산이 수종사에 묵으며 쓴 숙수종사宿水

산신각에서 바라본 수종사 전경

鐘寺(1783년)의 마지막 시구詩句로 내 마음을 달랜다. '마음으로 즐기며 홀로 서서는, 가지 말고 하루 더 묵고 싶어라怡怡猶獨立, 信宿欲無歸.'

매화 백 그루가 피고 지는
- 경북 성주군 회연서원

 돌연 매향의 습격이다. 나그네의 코끝을 사정없이 찌른다. 은은하게 풍기는 꽃향기가 아니다. 눈앞의 시야는 어찌 표현하랴. 눈앞에 펼쳐진 절경 앞에서 말을 잇지 못한다. 차마 언어로 형용할 수가 없다. 서원의 초입 현도루 앞에서 한 발짝도 나아가지 못한 채 넋을 잃은 듯 바라본다. 토담을 빙 둘러 에워싼 매화 가지가 넌출져 구름처럼 넘나드는 형국이랄까. 과연 백 그루의 매화가 핀 백매원이다.

 매화가 피고 지는 계절엔 모든 감각을 열어 놓았으리라. 아니 서원에서 공부하던 선비들도 꽃에 취하여 책을 덮고 향유하였을 것만 같다. 백매, 청매, 홍매가 눈앞에 어른거리고 향기로 온 감각을 흔드니 어찌 문자가 눈에 들어오랴. 고개를 돌리는 곳마다 꽃무덤 속 시가 절로 읊어지니 천국이 따로 없다. 매향이 옷깃에 스미어 유유자적 백매원을 거닐었을 선인이 바로 신선이다.

 정원에 관한 글이 실린 계간지에서 회연서원檜淵書院을 발견하고 나만의 보물인 양 노트에 적바림해 둔 곳이다. 매향이 짙

회연서원 토담과 매화

은 시절을 기다려 경북 성주군을 찾은 것이다.

> 小小山前小小家　　변변찮은 산 앞에 자그마한 초당이라
> 滿園梅菊逐年加　　동산 가득 매화 국화 해마다 늘어난다
> 更敎雲水粧如畫　　게다가 구름 냇물 그림같이 꾸며 주니
> 擧世生涯我最奢　　세상에서 내 생애 누구보다 호사롭네
> 　　　　　　　　　　　　　-정구 〈제회연초당題檜淵草堂〉

그가 읊은 칠언절구가 이곳의 정경을 대변한다. 초당 옆 산수화처럼 자리한 산과 그 아래 낙동강 푸른 물줄기의 대가천이 흐른다. 매향을 품은 향기로운 바람과 한강이 좋아한 매화와 국화가 해마다 정원에 늘어나니 정녕 호사를 누렸을 것 같다. 두어 칸 규모의 초당 이름을 회연檜淵이라 한 것은 여러 설이 있다. 초당의 배경이 된 봉비암鳳飛巖이 높이 솟고, 대가천 물이 회오리처럼 휘도는 깊은 소를 보고 '회연回淵'으로 표기되었거나, 회나무가 연못가에 있어 '회연檜淵'이라 하였다는 설도 있다. 한강이 지은 〈제회연초당題檜淵草堂〉에서 '자그마한 초당'이라고 말하지만, 무흘구곡을 배경으로 매화가 백 그루 피어나는 향기로운 초당이 되었으니 그 어느 곳과 견주랴.

한강寒岡 정구鄭逑(1543~1620)는 외증조 한훤당 김굉필의 도학을 전수하고, 그 기반 위에 퇴계학과 남명학을 통합하여 새

성주 회연서원 견도루

회연서원 견도루에 앉아 매화 삼매경

로운 학통을 세워 실학의 연원을 확립한 분이다. 그는 우주 만물을 연구 대상으로 삼아 경서, 병학, 의학, 역사, 천문, 풍수지리 등 모든 학문에 관심을 가졌다. 특히, 예학에 관심을 기울인 학자이다. 그는 평소 관직에 뜻을 두지 않았으나 국가의 부름을 거절하지 못하여 부득이 외직을 맡아 선정을 베풀었다. 내직으로 우승지, 공조참판, 대사헌 등을 역임하였다. 사후에 문목文穆의 시호가 내리고 영의정에 추증追贈되었다.

후학을 양성하는 서원의 정원에는 감각을 자극하는 식물을 심지 않는다. 도산서원이나 병산서원, 소수서원의 정원을 둘러보면 알 수 있으리라. 대부분 회화나무, 모란, 국화, 대나무가 주종을 이룬다. 초당에 매화를 심은 건 아마도 퇴계 이황의 영향을 받았으리라. 퇴계가 임종 시 제자에게 '매화나무 화분에 물을 주라'고 유언할 정도였으니 매화를 얼마나 좋아하였는지 알 수 있다. 한강도 처음엔 자그마한 초당에 매화 몇 그루 심어 즐겼다. 그의 사후에 후학들이 스승의 뜻을 기리고자 매화나무 백 그루를 심어 백매원이라 불렀단다.

서원 뒤편이 바로 한강이 경영한 무흘 일곡이다. 무흘구곡武屹九曲은 주자의 무이구곡武夷九曲을 흉내낸 것이다. 구곡은 경북 김천 수도산으로부터 경북 성주 골짜기까지 이른다. 봉비암은 무흘 일곡으로 서원 뒤편에 자리한다. 회연서원을 한눈에 바라보기에 좋은 곳이다. 기왓골이 시원스레 빗금 진 기와지붕과 토담 주변을 에워싼 백매가 구름이 머무는 것처럼 보인다. 매화나무를 스쳐 온 향기로운 봄바람과 시원스럽게 펼쳐진 대가천 물줄기와 드넓게 펼쳐진 평야가 넉넉하다.

최근에 겸재 정선의 그림, 〈회연서원〉이 경매로 나와 시선을 끈 적이 있다. 그림 속에선 서원 앞에 수직으로 솟은 바위산

성주 무흘구곡 제2곡 한강대

이 봉비암이라고 말하는데 지금의 모습과는 사뭇 다르다. 여기에는 봉비란 기생이 춤을 추다가 떨어져 죽었다는 전설도 있는 걸 보면, 춤을 추기엔 자리가 비좁고 바위가 높고 가파르다. 무엇보다 회연서원을 둘러본 겸재가 붓을 들어 그림을 그릴 정도였으니 이곳 경치가 아름다웠다는 증거이다.

서원 왼편에 보이는 동네가 바로 무흘구곡 제2곡인 한강대寒岡臺가 있다. 갓말은 '가지'와 '마을'을 줄인 순우리말로 '나무를 가꾸는 마을'이라는 유래를 가진 지명이다. 정녕코 집집마다 매화나무를 키우지 않으면 아니 될 것 같은 마을이다. 한강 후손들의 종택과 사당을 들러 나오는 길 또한 백매와 꽃나무 천지이다. 산길 언저리 빈 숲에 진달래가 울긋불긋 피어나 발걸음에 흥겨움을 돋운다. 깎아지를 듯한 절벽과 대가천의 푸른 물이 바로 겸재가 그린 곳이 여기인 듯싶다. 진달래가 핀 한강대에 올라서니 저절로 '봄 처녀 제 오시네'가 흥얼거려져 노래 몇 곡을 내리 부른다.

아름다운 경치의 회연서원檜淵書院은 서원답지 않은 곳이다. 하지만, 수백 명의 후학을 배출한 곳이다. 삶의 길이 보이지 않으면, 서원을 찾으면 좋으리라. 가장 오래된 건축물인 강당 마루에 앉아 온 감각을 열어두길 원한다. 어둠 속에서 밝은 곳을 바라보는 듯 토담 위로 백매가 구름처럼 환하게 밝히리라. 매향의 습격도 받을 만하다. 봄날의 감미로운 선물이다. 가슴에 품은 매향의 기운으로 여러 날 행복하리라.

마곡사 영산전 마당에 핀 작약

마곡사 영산전

바람결에 꽃잎이 산산이 흩어지듯
– 충남 공주 마곡사에서

 꽃잎이 바람결에 산산이 흩어진다. 벌거벗은 씨방이 보인다. 꽃잎이 사라진 줄기에 푸름이 삭지 않은 씨방만 도드라진다. 바람은 인정도 없다. 생애 마지막을 불태우는 꽃봉오리라서 그런가. 아니 애절한 꽃의 심정이 실려선가. 활짝 핀 꽃도 바닥에 떨어진 꽃잎도 붉디붉다. 건너편 승방에서 걸어 나온 노스님이 보든 말든 꽃밭에 들어 꽃의 생애를 기록한다. 홀연히 스러지는 작약에서 인간의 삶도 꽃과 다르지 않음을 깨닫는다.

 영산전은 지금 화엄의 세계이다. 수년 전에 이 공간은 수국이 피었던 것으로 기억한다. 이곳을 여러 번 다녀갔지만, 작약을 본 것은 처음이다. 아마도 계절이 달랐던 가보다. 정녕 여러 번 보아도 본 게 아니다. 무엇인가 제대로 보았다고 말하고 싶다면, 적어도 그 대상을 사계절 느껴야 하리라. 만행을 즐기는 분의 글에서 자신을 매료시킨 석상이 조석으로 달리 보인다는 글을 본 적이 있다. 아마도 빛과 어둠이 내리기까지 시공간의 감각을 느껴 보라는 것이리라. 그곳에 하릴없이 머물며 대상과 하나가 되어야 한다는 소리일 것이다.

마곡사 대광보전과 오층석탑

마곡사 극락교와 연등

유월의 마곡사는 초록 잎이 꽃처럼 싱그럽다. 극락교 공중에는 오색연등 꽃이 피어 화려하고, 다리 아래에도 수륙제를 지냈는지 연등 꽃이 점점이 피어 있다. 계곡물에 비친 반영으로 더욱 찬란하다. 오늘은 마곡사 곳곳에 자리한 전각을 돌아 마지막으로 조선 후기의 목조건물 영산전(보물 제800호)으로 든다. 가장 오래된 건물인 영산전 내부에는 과거칠불과 천 개의 작은 불상이 자리한다. 세조가 만세萬世가 지나도 없어지지 않는 곳이라고 극찬한 곳이다. 예로부터 천하의 대혈大穴이라고 군왕대君王坮의 맥이 흐르는 영험한 기도 터라고 전한다. 세조 친필의 방서와 툇마루가 있는 이 공간은 ㅁ자형으로 언제 들어도 안온하다.

마곡사에는 내가 머무르고 싶은 여러 곳이 있다. 대사찰의 역사를 거슬러 오르니 화마로 전각을 소실한 것이 여러 번이다. 그러나 재건하여 웅장한 면모를 자랑하는 세계자연유산 산사의 일곱 곳 중 하나, 마곡사이다. 대광보전 앞 상륜부 노반 위에 풍마동이라는 청동제로 된 독특한 오층석탑(고려후기 석탑, 보물 제799호)이 고아하다. 중심 법당인 대광보전大光寶殿 (보물 제801호)과 2층 통층 구조의 대웅보전大應寶殿(보물 제800호) 기와지붕 처마선이 출렁일 듯 수려하다. 나그네가 두 팔로 싸리나무 기둥을 끌어안고 염원을 비는 듯하다. 전각을 받치는 기둥 또한, 사찰의 역사를 대변하는 듯하다. 수백 년 묵은 기둥에 등을 기대고 밖을 바라보면, 마곡사 전각들의 지붕 한눈에 들어온다. 기와지붕은 예전이나 지금이나 어머니의 품처럼 아늑하고 넉넉하다.

　마곡사에는 우리가 꼭 기억해야 할 분이 있다. 백범당 근처에 드니 '한없이 가지고 싶은 건 문화의 힘'이라는 선생의 말이 들리는 듯하다. 당신은 어려운 국란에 돈과 명예도 아닌 문화의 힘을 얻고자 했다. 우리의 전통문화를 그 어떤 것으로도 환산할 수 없는 가치를 아는 분 백범 김구 선생이다. 어쩌면 전 세계를 뒤흔드는 K-문화를 예견한 것인지도 모른다. 선생님이 머물렀던 툇마루에 앉으니, 향나무에 눈길이 간다. 백범 선생은 마곡사를 떠난 지 50년 만에 돌아와 대광보전 기둥에 걸린 주련 '각래관세간 유여몽중사却來觀世間 猶如夢中事, 돌아와 세상을 보니 모든 일이 꿈만 같구나.'라는 문구를 보고 감개무량하여 향나무를 심었단다. 세월은 참으로 많은 것을 바꾸어 놓는다. 그 시절 온몸으로 독립을 간구했던 선생도 동지도 사라지고 없다.

　꽃잎이 흐드러져 산산이 흩어지듯 인간사도 마찬가지다. 세상사 참으로 꿈결 같은 일들이 벌어지고 흩어진다. 그 속에서 불굴의 정신과 문화는 후인에게 이어지리라. 문화유산은 세월과 역사를 뛰어넘어 자리한다. 누군가가 부르지 않아도 달려간다. 고유의 전통문화를 기록하고자 이 자리에 서 있는 내 모습처럼.

은자의 처소에서
– 전남 완도군 보길도

 하마터면 밟을뻔했다. 은빛 파도에 취하여 발밑을 바라보지 않았다면, 압사시켜버렸을지도 모른다. 가는귀먹은 것인가. 인간의 발자국은 지축이 흔들릴 정도였을 텐데, 도통 움직이지 않는다. 바다를 한없이 바라보고 있는 청개구리. 마치 누군가를 목 놓아 기다리는 듯하다. 저러다 망부석이 되어 바위와 한 몸이 되어버릴지도 모르리라. 지인이 부르는 소리에 무언의 손짓으로 응답하며 발길을 돌린다. 뒤돌아보니 아직도 청개구리는 그 자리에 있다.

 보길도는 고산 윤선도(1587~1671)가 은자의 처소로 알려진 섬이다. 고산은 세상이 싫어 남쪽으로 내려오다 보길도의 풍경에 반하여 이곳에 자리 잡고 노후에 안식을 취하였단다. 우암 송시열(1607~1689)은 유배지로 가는 길에 보길면 백도리 바위에 앉아 풍광을 바라보다 한탄 조의 오언절구 시를 암벽에 새겨 놓는다. 우암의 흔적을 톺아본다. 거대한 암벽에 새긴 시조는 세월의 풍파에 글씨가 희미하다 못해 거뭇하다. 탁본을 뜨

보길도 세연정

우암의 화신처럼 보이는 청개구리

세연정 동백림

다 검은 먹물이 흘렀는지 새긴 문자가 얼룩덜룩하다. 글자는 둘째치고 암벽에 새긴 '여든셋 늙은 몸이/ 멀고 찬 바다 한가운데 있구나// 한마디 말이 무슨 큰 죄이기에/ 세 번이나 쫓겨나니 역시 궁하다.'라고 쓰인 시구에 인생무상이 느껴져 서글퍼진다.

우암은 보길도를 떠나 정읍에서 생을 마감한다. 고산과 우암의 말년은 너무 다르다. 조금 전에 본 청개구리가 오지 않는 소식을 목 놓아 기다리는 우암의 환상만 같다. '삶은 눈물로 춤추며 가는 것'이라고 누가 말했던가. 인생을 자기 의지대로 살아간다는 일은 쉽지 않은 일이다. 참으로 인생에는 정답은 없다. 한번 사는 인생인데 자신이 좋아하는 일을 하며 살아도 좋지 않을까 싶다. 삶의 길은 자기에게 선택권이 있다는 걸 보길도에서 깨닫는다.

보길도는 참으로 멀다. 충북에서 지도의 해남 땅끝마을까지 4시간 30분 거리. 이어 항구에 닿아 첫배를 타고 30여 분 들어가야만 섬에 닿을 수 있다. 정녕코 하루 일정으로는 쉽지 않은 답사지만, 1박 2일은 코로나19로 어려운 지경이니 어찌하랴. 수박 겉핥기식이라도 섬에 가본 사람은 알리라. 고산의 흔적과 비경이 곳곳에서 드러나 계절마다 보고 싶어 미련이 남으리라.

'한국의 별서'라고 불리는 세연정도 단번에 그 모습을 보여주지 않는다. 초입부터 정자를 찾으면 볼 수가 없다. 신비로운 공

세연정 한옥의 덧창을 열고 내다본 풍경

암각시문 가는 길 동백나무 원림

송시열 암각시문

간에 들어가듯 미로처럼 돌아가야만 한다. 기념관을 나와 울창한 동백림을 지나 나선형으로 돌면 연못이 보인다. 연못 바위에 일광욕을 즐기는 자라가 세상 저편에서 전쟁이 일어나도 모를 정도로 평화롭다. 연못과 주변에는 기화요초가 자라고, 정자 옆에는 소나무가 한 폭의 그림처럼 자리하고 있다. 둥치가 한 아름이 넘는 적송이 세월을 말해준다. 저 돌다리를 건너면 섬 안에 섬처럼 들어앉은 정자, 세연정에 앉을 수가 있다.

드디어 세연정 댓돌 위로 올라선다. 피부를 스치는 바람결이 부드럽다. 한옥의 멋스러운 덧창을 시원스럽게 올려 시선이 탁 트여 연지의 풍경이 멋스럽다. 이곳에서 사나흘 쉬어가면 좋겠다고 생각하는데 지인은 정자에 드러누워 들창으로 들어온 소나무가 좋다고 말한다. 그래, 당파싸움에 휘말려 20년을 유배지로 돌았으니 얼마나 삶이 고달팠으랴. 사람에 지치고 지쳐 은자처럼 살기를 원하여 보길도에서 19년을 생활한 고산이다. 이곳에서 그의 벗으로 인간이 아닌 물, 바위, 소나무, 대나무, 달을 형상화하여 〈오우가五友歌〉로 읊었으니 그 마음을 알고도 남음이 있다.

산 중턱에 자리한 동천석실을 보려면 저 산을 오르내려야만 한다. 머리 위를 작렬하게 쏘는 태양 빛에 잠시 머뭇거렸다. 고산 윤선도를 제대로 알려면, 산중 석실을 보지 않으면 후회하리라. 산길은 원림으로 울창하여 이글거리는 햇볕과 더위를 걱정할 필요가 없었다. 동천석실은 바람이 불면 날아갈 것 같은

보길도 낙선재(윤선도가 달맞이하던 곳)

보길도 곡수당

작디작은 일속산방, 한 사람이 앉아 서책을 볼 수 있는 작은 전각이다. 정녕코 이곳이 바로, 세상과 무관한 자유로운 공간, 은자의 처소이다.

동천석실에서 바라본 눈앞의 풍경에 탄성이 절로 터진다. 탁 트인 시야에 산 능선이 이어지는 경치에 세연정, 낙서재, 곡수당 등이 자리한 곳을 가늠해 본다. 특히, 마을로 내려가 낙서재 툇마루에서 바라본 산 중턱의 동천석실은 말로 형용할 수 없이 작디작다. 세 곳을 돌아보고 고산이 보길도에 머문 이유를 알게 되리라. 속세가 아득하게 느껴질 정도로 산수 수려한 장소에 전각을 앉힌 안목이 탁월하다. 서책을 즐기며 신선처럼 소요하며 지은 주옥같은 글이 이 섬을 가사 문학의 산실로 만든 것이다.

나그네는 보길도에 미련을 남긴다. 이곳은 사계절을 보아야 참모습을 알리라. 세연정, 곡수당, 낙서재 곳곳에 자리한 동백림의 붉은 봄이 궁금해서다. 지인과 동백꽃을 보러오자고 약속한다. 동백나무에서 꽃이 뭉텅이로 떨어져 연지에 새로 피어나는 꽃을 보고 싶어서다. 석실로 오르는 산길도 동백숲에 붉은 꽃이 다문다문 피어난 오름의 산길이 어찌 힘겨우랴. 생각만 해도 가슴이 두근거린다.

고산은 아들 학관을 섬으로 데려와 곡수당에 머물게 한다. 아마도 세파에 휘둘리지 말라는 뜻이리라. 보길도를 은자의 처소라고 이름하지만, 세인의 눈에는 신선의 삶이나 다름없다. 자

산중턱에 자리한 동천석실

연 속에서 균형과 조화를 이룬 인공 연못과 크고 작은 전각들이 말해준다. 쉽게 다가갈 수 없는 머나먼 섬에 자기만의 새로운 왕국을 건설한 듯하다. 인생을 두 번 사는 사람은 없다. 그러니 내가 지금 가고 있는 길이 '내가 진정 원하는 길인가'를 짚어볼 필요가 있다. 강직하고 곧은 것은 부러지지 않던가. 고산처럼 우회로 돌아가는 길, 은자의 처소에 유유자적 머물러도 좋으리라.

학문의 도량, 초간정사
– 경북 예천군 초간정사

　배경에 따라 대상의 이미지가 사뭇 다르다. 지난 1월에 보았던 정자의 모습이 아니다. 그래서 한 대상을 제대로 알려면 사계절을 지켜보아야 한다고 했던가 보다. 9월의 정자는 녹음 속에 파묻혀 자신의 전부를 보여주지 않는다. 검푸른 녹음에 붉은 물이 오른다면, 또 어떤 느낌으로 다가올지 궁금하다. 이어 함박눈이 사락사락 내려 온 세상이 하얀빛으로 변하여 한 폭의 산수화처럼 그려지는 정자도 보고 싶다.

　나는 경북 예천 초간정사까지 두 시간여 달려와 무엇을 보고 싶었던가. 가을날 정자의 분위기를 보고 싶어서다. 지난 1월 정자의 모습은 주위의 배경보다 건축물이 더욱 돋보였던 것 같다. 주위에 나무들이 옷을 벗고 나상으로 있어 정물이 확연하게 눈에 들어온 것이다. 팔작지붕 건물이 마치 암반 위에 올라 날개를 펴고 비상 직전의 느낌이랄까. 그런데 9월의 정자는 검푸른 숲속에 자리한 듯 안온한 분위기를 연출한다. 아마도 선인은 건물의 뼈대가 드러난 겨울보다 녹음으로 덮인 여름이나 가을날 정자에 앉아 학문에 몰입하는 것을 좋아했을 것 같다.

솔숲에서 바라본 초간정사 초가을 풍경

정문에서 바라본 초간정사

맞은편 솔숲에서 거리를 두고 바라본 초간정사는 마치 허련의 '일속산방도'를 보는 듯하다. 자연 지형을 그대로 이용하여 작은 정자를 앉힌 형상이다. 암벽 위에 정자가 보이고 그 아래는 계곡물이 정자를 휘돌아 흐른다. 담양 소쇄원의 경치만큼이나 수려하고 산사처럼 고즈넉한 공간이다. 정자는 대부분 관직에서 물러난 선비들이 고향이나 풍경 좋은 곳에 노후의 휴식을 위하여 짓는다. 아니면, 속세에서 벗어난 스님처럼 수행하거나 산속 은자를 꿈꾸는 이가 원하리라. 여하튼 예천의 초간정사는 풍류를 즐기고자 세운 건축물이 아닌 학문과 집필의 공간으로 쓰인 정자라는 점에서 다르다.

정문 문턱을 넘자마자 '초간정사草澗精舍' 편액을 마주한다. 지난번에 뵈었던 백발의 후손이 반갑게 맞이한다. 지식인의 후손답게 건물의 유래와 선인의 공적을 찬찬히 설명해 주시던 분이다. '초간'은 당나라 시인 위응물의 시 『저주서간滁州西澗』의 '홀로 물가에 자라는 우거진 풀 사랑하노니獨憐幽草澗邊生'라는 구절에서 따온 것이다. 여타 정자와 다르게 '정사'라고 이름한 것은 '학문에 정진하는 집'으로 분류하기 위함이다. 초간정사(1582년)는 권문해의 종택에서 약 2km 떨어진 풍광이 수려한 금곡천 암반 위에 지은 정사이다.

초간정사의 형태는 독특하다. 자연 암반 위에 막돌을 쌓아 정자를 세운 것이다. 외부에서 바라보면, 마치 누마루와 같은 느낌을 준다. 정자에 올라 마루의 가장자리를 돌아볼 수 있는

초간정사 겨울 전경

석조헌 현판

구조이다. 계자난간을 둘러 사방의 경치도 볼 수 있도록 조망도 확보한다. 정자에 솔향이 가득하다. 눈앞에 노송들이 정자 쪽으로 기울어져 마치 머리 숙여 예를 갖추는 듯하다. 또한, 정사를 더욱 빛나게 하는 건 암반을 휘돌아 흐르는 계류이다. 이곳에 낚싯대를 드리울 수 있다니 놀랍다. 그 증거로 북쪽 편액에 '저녁 무렵 낚시하는 마루'의 의미로 석조헌夕釣軒이라 쓰여 있다. 학문과 집필에 몰두하다가 뉘엿뉘엿 저무는 석양에 낚싯대를 계자난간에 걸쳐놓은 선인의 모습을 상상해 본다. 생각만 해도 운치가 넘치는 절경이다.

초간 권문해權文海(1534~1591)는 초간정사에서 1589년, 우리나라 최초의 백과사전으로 평가되는 『대동운부군옥大東韻府群玉』(보물 제878호)을 집필하였다. 단군에서 조선의 선조까지 지리, 역사, 문학, 철학, 인물, 예술, 풍속 등 총망라한 방대한 저작이다. 그는 '일찍이 조선의 선비들이 중국의 역사에 대해서는 너무 잘 알고 있지만, 우리나라의 역사는 잘 모르고 있어 이를 한탄했다. 눈앞에 있는 자신의 물건도 보지 못하면서 천 리 밖 남의 것만 주시하려는 것과 같다.'라고 안타까운 심경을 적었다. 이 저서는 과거 선인의 문화와 생활을 보여주는 중요한 자료이다. 이외에도 초간정에서 『초간일기』『초간집』『선조일록』『신묘일기』 등 많은 저서를 남긴다. 그의 아들 권별權鼈 (1589~1671)도 대를 이어 이곳에서 '신라 이후 조선 시대까지 1,000여 명에 달하는 인물을 대상으로 한 우리나라 최초의 인물 사전인『해동잡록海東雜錄』을 저술한다.' 이렇듯 초간정사는 일반 정자가 아닌 묵향이 배인 학문의 공간이다.

  정자에 올라 가부좌를 틀고 앉아 명상에 든다. 두 눈을 감고 귀를 기울인다. 얼마 전에 비가 내려 그런지 계류의 물소리가 상당하다. 마치 폭포 소리처럼 우렁차다. 계곡물 소리에 묻혀 짝을 찾는 매미 소리도 간헐적으로 들린다. 물소리가 점점 약해지며 초간이 책장을 넘기는 소리가 들리는 듯하다. 이어 종이 위를 타고 붓질 스치는 소리와 함께 바람결에 묵향이 흘러 정자 안에 가득하다.

  지금 정원에는 초간의 후손이 담장 아래 늘어진 나뭇가지를 정리하고 있다. 현재의 수려한 정자는 험난한 세상 길을 헤쳐 불에 타서 없어졌다가 후손에 의하여 복원된다. 한 가지 아쉬운 것은 정문 앞 연지의 흔적은 없고 바닥에 잡석이 깔려 옥의 티처럼 거슬린다. 더께 앉은 둥치 큰 나무와 드러누운 바위가 연못의 중앙에 섬처럼 떠 있던 물상이 아닌가 싶다. 이곳에 머물던 선인의 존재는 어디에도 찾을 수가 없다. 하지만, 그의 정신과 숨결은 정자와 저서에 배여 영원한 흔적으로 남아 있다. 유형·무형의 문화유산은 우리 곁에 존재한다. 우리가 생활하는 곳곳에 전통의 숨결은 형형하다.

  멀리 시선을 두니 두 남자가 계류를 바라보며 이야기하는 모습이 보인다. 둘의 뒷모습이 정사에 하나의 풍경처럼 정겹게 다가오는 순간이다.

나는 괜찮은 사람이라고
- 강진 만덕산 백련사

 붉은 꽃송이가 바닥에 피어 있다. 고개를 드니 하늘에도 꽃송이가 다문다문 붉다. 숲에 동백꽃 천지이다. 하늘과 땅을 보고 또 봐도 물리지 않는다. 선인은 이 공간을 철학의 숲이자 구도의 숲으로 명명한다. 숲을 거닐 때 말없이 사색하며 거닐어야 한단다. 그도 그럴 것이 고승의 무덤인 부도 앞이다. 선인은 어디로 가고 붉은 꽃나무만 남아 반기는가. 바닥에 떨어진 동백꽃 무덤에 숨이 막힐 듯하다. 절로 흐르는 감탄사를 어찌할 수가 없다.

 백련사와 다산초당을 잇는 오솔길은 호젓하게 거닐어야 제멋을 느끼리라. 나는 백련사 동백나무 1,500여 그루의 숲(천연기념물 제151호)을 이룬 이 공간을 좋아한다. 하지만, 내가 사는 곳에서 강진까지 거리도 멀고 동백꽃이 활짝 핀 시기를 맞춰 답사하기가 어렵다. 올해는 유난히 눈도 많고 추워선지 사월 초에도 흐드러진 동백꽃을 마주한다. 동백나무는 삼백 년 이상을 한자리에 머문단다. 내가 발 디딘 자리에서 다산과 혜장선사(1772~1811), 초의선사가 학문적 교류와 차를 나누었다고 여기니 그들의 마음이 전해지는 듯 뭉클하다.

백련사 대웅보전 현판(이광사 친필)

백련사 동백나무숲(천연기념물)

다산초당 오르는 뿌리의 길

다산초당을 들러 마을로 내려오는 산길이다. 나무도 얼마나 억울했으면 뿌리를 드러내고 있으랴. 바닥에 적나라하게 드러난 소나무 뿌리가 당신의 허무한 마음처럼 다가온다. 뿌리를 피하여 발을 내딛고자 이리저리로 뒤뚱거린다. 나 같은 사람은 억울한 상황에 부닥치면, 분노에 어쩌지 못했으리라. 자포자기에 자신을 헤치고 말았을지도 모른다. 모든 상황은 그 사람의 처지가 되어봐야만 알리라. 탐욕의 무리에 휩쓸리지 않고자 '나는 다르다고, 괜찮은 사람'이라고 한탄하며 아우성을 치는 다산 정약용(1762~1836)이다.

그의 민낯이 드러난 글이 떠오른다. 역시 다산도 보통 사람이다. 사람이 그리운 날, 초당에는 온갖 새 소리와 뜨락에는 참새떼가 노닐고 있다. 한바탕 꿈처럼 지나간 날들이 떠오르는 순간이리라. 이순신의 난중일기가 있듯 다산의 유배 일기가 있다. 강진 유배지에서 적은 일기, 정민이 엮은 《한밤중에 잠깨어》에 고스란히 드러난다. '단물, 쉬파리, 야비, 탐욕, 시궁창, 아우성'의 단어에서 그의 심란한 마음을 읽는다. 다산은 사람들에게 우롱당한 느낌이 들어 자기의 처신을 탓하기도 한다. 오죽하면, '기둥에 화려한 단청으로 꾸민 집을 부러워하지 않겠다. 현재의 이 진흙탕 길이 오히려 편안하다. 나는 난쟁이다. 나는 참새다.'라며 한탄했으랴.

'이 또한 지나가겠지.'라고 말했던가. 시간은 흐르고 흘러 후인은 그가 지르밟은 오솔길을 걷고 있다. 다산은 사람이 그리

안개비가 내리는 다산초당

다산초당 툇마루에서

워 홀로 산길을 걸어 백련사로 향했으리라. 그의 마음이 되어 차밭을 지나 동백나무 숲에 잠시 머문다. 풍토병에 시달리던 다산은 자기 위장을 다스려주던 차를 얻고자 대흥사에 머물던 초의선사에게 구걸도 서슴지 않는다. 백련사는 강진만을 한눈에 굽어보기 좋은 만덕산에 자리한다. 백련사와 다산초당이 있는 만덕산에는 야생차가 많아 다산茶山이라 불렸단다. 정약용이 이곳에서 유배를 지냈다는 의미로 다산이라고 호를 지었다고 한다. 조선 후기 차 문화의 부흥에 중요한 위치를 차지하는 백련사이다. 눈앞의 차밭은 다산의 벗과 즐겨한 차(茶)의 생산지이지 싶어 예사로이 보이지 않는다. 그렇게 혜장선사와 차를 나누고 마음을 추슬러 초당으로 돌아왔으리라.

만덕산 백련사는 정녕 십여 년 전 모습이 아니다. 만경루 앞 기품이 넘치는 150년 수령의 배롱나무가 그들의 대화를 기억하고 있으리라. 무엇보다 긍정의 힘은 누구도 꺾을 재간이 없으리라. 직장에서 마주한 젊은이들의 모습이 떠오른다. 어려움 앞에서 회피하려는 모습을 심심찮게 마주하며 안타깝다. 자신의 환경을 절망하지 않고 극복한 다산의 자세를 배워야만 하리라. 다산은 말한다. 차라리 유배지로 쫓겨나길 잘했다고. 예전의 자리를 차고앉아 있었다면, 학문 연구에 몰두하지 못했을 것이라고. 다산은 유배지에서 수백 권의 빛나는 문화유산을 남긴다.

산사가 보면 압니다 사유의 방에서 스쳐갈수도있어 이내 자연이 낳은 미학 자연이 낳은 미학 산사에서 은자의 처소에서 그리운 절터 사유의 방 등 돌리면 이내 그리운 절터 사유의 방에서 자연이 낳은 미학 자연이 낳은 이내 그리운 절터 은자의 처소에서 산사에 은자 산사가 보면 압니다 산사 사유의 방에 그리운 산사 은자의 처소에서 스쳐갈수도있어 처소에서 등 돌리면 이내그리운 사유의 방에서 자연이 낳은 미학 자연이 낳은 미학 은자의 처소에서

산사, 가보면 압니다

양 사과 범위 앞에 있는 내 자 몇 이 낳은 미한 구한 수 있어

용명이 낳은 미한 사 사에 용자의 저소에서 그림을 컴퓨터

들이 있네 그림을 컴퓨터 사과 앞에 용자의 저소 몇 이 낳은 미한

양 사과 범위 앞이다 사가 용자의 저소에서 사과 앞에 용자의

용자의 저소에서 그림을 컴퓨터 사사 사과 앞에 용자의

양 사과 범위 앞이다 사가 용자의 저소에서 사과 앞이

들이 그림을 컴퓨터 있네 저소에 마한 용 가 아네까지

산사, 가보면 압니다

한국의 무늬, 이은희의 결을 찾아서

사시가를 받았습니다 사과의 반에서 사시가를 받았습니다 사과의 반에서 사시가를 받았습니다 사과의 반에서
자면이 낡은 미장 자면이 낡은 미장 자면이 낡은 미장
들디므 이내 그리프 검터사과의 반에서 운자의 처소에서 그리프들이 그들디므 이내 그리프 검터사과의 반에서 운자의 처소에서
운자의 처소에서 그리프들이 그 자면이 낡은 미장 운자의 처소에서 그리프들이
사시가를 받았습니다 이내 그리프들 캠터사과의 사시가를 받았습니다
운자의 처소에서 그 자면이 낡은 미장 운자의 처소에서
그리프들이 그들디므 이내 그리프프 검터사과의 반에서 그리프들이 그들디므
사과의 반에서 운자의 처소에서 사과의 반에서
이내 그리프들 검터

사사는 법으로 압니다. 사주의 방에서 글러수는 없어 내가 명이 났음 미혼 사사에게 운자를 회적으로 골라준 것들이 내 그림을 경토해주는 미분을 자주인 잡음 미혼 사사가 사사가믄만입니다 사람의 말에서 글자들은 입의 내장면이 남은 미영 자명이 남은 미영 사사에서 운자의 제소에서 글자들은 입의 내장면이 남은 미영 글자의 제소에서 글자들은 입의 내장면이 남은 미영 사사에서 운자의 제소에서 사사가 믄 입에 글자들 사사에서 사사가 믄 입에 글자들 사사에서 사사가 믄 입에 글자들 사사에서